ANDALUSIEN
COSTA DEL SOL

ANDALUSIEN
COSTA DEL SOL

Photographie Willy Puchner

Text Walter Haubrich

Bucher

Anthologie: Ursula Kopp

Lektorat: Petra Altmann, Dieter Löbbert
Graphische Gestaltung: Bertram Schmidt
Herstellung: Johannes Eikel

Haupttitel: Andalusische Señoritos zu Pferde

Printed and bound in Germany
ISBN 3 7658 0420 7

Inhalt

Andalusien, eine der ältesten Kulturlandschaften Europas

Andalusien sei nun wirklich so, wie nach der – irrtümlichen – Meinung der meisten Ausländer Spanien sein soll. Nun, Andalusien ist auch nicht so, wie Spanien ganz gewiß nicht ist. Und trotzdem haben diese irrigen und halbrichtigen Ansichten über Spanien und Andalusien schon ihre guten Gründe. Das populäre Spanien-Bild, wie es auch in der Fremdenverkehrswerbung gern verbreitet wird – das sogenannte typische Spanien –, ist vor allem das andalusische Spanien, wobei man sich wieder fragen muß, ob diese verbreiteten Teilansichten über Tradition und Lebensgewohnheiten, vom Auftreten und vom Charakter der Andalusier die wesentlichen Merkmale dieser Region und ihrer Menschen sind.

Andalusien ist eine der historischen und jetzt autonomen Regionen Spaniens; es ist die bevölkerungsreichste und nach der Doppelregion Kastilien-León auch die an Ausdehnung größte und umfaßt die acht südlichen Provinzen Spaniens. In der Vorstellung vieler Europäer stellt sich Andalusien als der äußerste und damit exotische Süden Europas dar; das Heimatland der Toreros, der Flamencosänger, der Zigeuner und der Tänzerinnen paßt in dieses Bild.

Tatsächlich kommt der Flamenco als Gesang wie als Tanz aus Andalusien, sind die meisten Toreros Andalusier, und auch die Mehrzahl der spanischen Zigeuner wohnt dort. Das Klischee enthält viel Wahres, doch Andalusien läuft damit Gefahr, zum Land der Gemeinplätze, der einprägsamen und frappierenden Formulierungen zu werden, die dann wieder den Blick versperren auf das wirkliche Land und seine Menschen, so wie sie Tag für Tag leben.

Die Menschen

Die Menschen Andalusiens seien heiter und lebensfroh, einfallsreich und witzig – das sind gewiß keine falschen Eindrücke. Es gibt dann wieder kluge Leute, die meinen, hinter der äußeren Heiterkeit verberge sich bei den Menschen im spanischen Süden eine tiefe Traurigkeit, so etwas wie eine lebenslange, grundsätzliche Melancholie. Eine solch schwermütige Lebensauffassung zeige sich dann in stoischer Ruhe und fatalistischer Hinnahme eines oft schlimmen Schicksals. Aus dem andalusischen Córdoba stammt auch der Philosoph Seneca, der große lateinische Stoiker.

Die Andalusier haben allerdings keineswegs immer alles fatalistisch und resigniert hingenommen, sie haben sich oft gegen Ungerechtigkeit, Willkür und gegen Fremdherrschaft aufgelehnt. Richtig ist jedoch, daß Fanatismus keine verbreitete Eigenschaft unter Andalusiern – den wahrscheinlich tolerantesten Spaniern – ist. Sie zeigen sich allem Fremden gegenüber besonders aufgeschlossen: Das alte Volk im Süden Spaniens hat im Laufe seiner langen Geschichte mit Eroberern aus den verschiedenen Kulturbereichen meistens einträchtig zusammengelebt.

Die zahlreichen Eroberungen, die Andalusien hinnehmen mußte, kann man unterschiedlich werten, so wie es zwei zeitgenössische andalusische Schriftsteller tun. José Luis Acquaroni aus Cádiz schreibt: «Als Treffpunkt vieler Welten erlitt Andalusien seit weit zurückliegenden Zeiten eine Invasion nach der anderen – oder sagen wir besser: ein Zusammenleben nach dem anderen. Mit den verschiedenen Beiträgen vieler Völker und vieler Kulturen ist Andalusien reicher geworden. Keine Region Spaniens, nicht einmal Europas, hat so viele und nützliche Erfahrungen sammeln können. Andalusien hat immer und in allen Sprachen mit sich reden lassen, ist immer offen und empfänglich gewesen, hat schließlich die Eroberer erobert, für sich gewonnen und integriert.» Antonio Burgos aus Sevilla fragt sich hingegen mit Bitterkeit: «Andalusien – war das nicht

Bauten auf dem Messe- und Ausstellungsgelände in Sevilla, 1928 errichtet (links)

Sevilla, Blick auf die Kathedrale und den Glockenturm «La Giralda», das Wahrzeichen der Stadt (rechts)

in der Vorstellung vieler Spanier und Ausländer so etwas wie eine Frau, die an der Haustür stehend sich allen Vorübergehenden anbietet und sich noch rühmt, Besitz vieler gewesen zu sein?» Phönizier, Römer, Germanen, Araber, Kastilier – Andalusien habe sie alle aufgenommen oder sei vielmehr von ihnen in Besitz genommen worden und habe trotzdem nicht sein freundliches Gesicht, seinen Einfallsreichtum, seine gute Laune und seinen Witz verloren. Freundlich und offen treten die Andalusier auch heute den vielen Millionen Ausländern entgegen, die ihre Strände an der Costa del Sol besuchen, der Sonnenküste westlich und östlich der einst so schönen und dann von den Spekulanten der Francodiktatur mit häßlichen Klötzen zugemauerten Stadt Málaga. Freundliche und höfliche Menschen, welche seit Jahrzehnten in das Dienstleistungsgewerbe Nordspaniens oder Mitteleuropas abwandern und die schwersten und schmutzigsten Arbeiten in den reicheren Regionen verrichten mußten.

Andalusien ist inzwischen selbstbewußter geworden, will nicht für immer das Dienstmädchen Europas sein und nicht mehr länger der Vergnügungspark Spaniens. Schließlich war es einmal so etwas wie die Festspielbühne der Weltgeschichte und eine der ältesten Kulturlandschaften des alten Kontinents.

Córdoba war eine Millionenstadt, als London noch ein Fischerdorf und Paris nicht mehr als ein regionales Handels- und Geschäftszentrum war. Die mittelalterliche deutsche Nonne Roswitha von Gandersheim lobte diese damals kultivierteste Stadt des Abendlandes mit dem Vers: «Über dem Westen strahlt die leuchtende Zier der Welt – Córdoba.» Im frühen Mittelalter unter den Omaijadenherrschern spielte Córdoba etwa die Rolle, die Athen im klassischen Altertum zukam. In einem Klima der intellektuellen Freiheit lebten damals Christen, Mohammedaner und Juden in Córdoba nebeneinander, diskutierten miteinander und befruchteten sich gegenseitig in ihrer wissenschaftlichen und künstlerischen Arbeit. Schon in der römischen Zeit interessierten sich die Bürger Córdobas auffallend für Literatur. Einige sollen die lange Reise nach Rom unternommen haben, um bekannte Schriftsteller zu besuchen und diese um Blätter ihrer Originalmanuskripte zu bitten. Im Laufe seiner langen Geschichte war Córdoba häufig eine Stadt für Dichter und Philosophen: von den beiden Senecas in der Römerzeit über den arabisch wie lateinisch schreibenden Averroës, den Juden Maimonides, den großen Barockdichter Góngora bis hin zu der Cordobeser Dichtergruppe um die Zeitschrift «Cántico» in den schwierigen Jahren nach Francos Sieg im Bürgerkrieg. In einer öffentlichen Diskussion am Hofe des Kalifen kamen zwei weise Männer jener Zeit, der Sevillaner Abu Bakra und der Cordobese Averroës, zu dem Schluß: «Wenn in Sevilla ein Gelehrter stirbt, wird man seine Bücher nach Córdoba bringen, wo sie bestimmt Käufer finden werden; wenn hingegen ein Musiker in Córdoba stirbt, wird man seine Instrumente in Sevilla zum Verkauf anbieten.» Die Bibliothek des Kalifen Al Hakam II. soll vierhunderttausend Bände gezählt haben. Außer dieser Sammlung existierten zur gleichen Zeit in Córdoba weitere siebzig Bibliotheken. Nicht die christlichen Eroberer, sondern unduldsame arabische Theologen haben später die meisten dieser Bücher verbrannt. In Córdoba, wo eine der größten Moscheen der Welt steht und jahrhundertelang die Kalifen herrschten, bestimmt seit 1979 ein eurokommunistischer Volksschullehrer, den sie den «Roten Kalifen» nennen und den zwei Drittel seiner Mitbürger zum Bürgermeister wählten.

Immer, wenn sie ihre Stimme in Freiheit abgeben konnten, wählten die meisten Andalusier links. Nach dem Ende der Diktatur wurden – wie vier Jahrzehnte zuvor – in der zweiten Republik die Sozialisten wieder zur stärksten politischen Kraft. In drei Wahlen innerhalb eines Jahres errang die Spanische Sozialistische Arbeiterpartei jedesmal eine breite absolute Mehrheit. Die beiden jungen Spitzenpolitiker dieser alten demokratisch-sozialistischen Partei, Felipe González, im Herbst 1982 zum spanischen Ministerpräsidenten gewählt, und sein Stellvertreter Alfonso Guerra, sind Andalusier aus Sevilla, wo sie nach dem Ende des Bürgerkrieges in Familien der ärmeren, von den Siegern verfolgten Volksschichten geboren wurden. Felipe González hat ganz im Sinne der andalusischen Toleranz die Opfer der langen Diktatur aufgerufen, zu vergessen und zu vergeben, um so die Wiederversöhnung der vielzitierten beiden Spanien, also der gesamten spanischen Bevölkerung, zu erreichen.

Die Geschichte der Region

Es wäre ein unnützes Unternehmen, feststellen zu wollen, welche Region der Alten Welt nun die älteste der noch bekannten Kulturen aufzuweisen habe. Andalusien würde allerdings bei einem solchen Wettstreit nicht schlecht abschneiden. Cádiz, gut tausend Jahre vor Christus von den Phöniziern gegründet, ist die älteste Stadt der Iberischen Halbinsel. Ganz in der Nähe von Cádiz, an der Mündung des Guadalquivir, lag – worauf gerade Funde in der letzten Zeit hinweisen – das sagenumwobene Tartessos, das wohlhabende Stadtreich Tarschisch. Phönizier, Griechen und wohl auch Kelten wurden von den friedlichen und gebildeten Einwohnern von Tartessos-Tarschisch freundlich aufgenommen, und als die Phönizier Cádiz (damals Gadir) gründeten, bildeten die großmütigen Tartessier sogar eine Art Handelsgemeinschaft mit ihnen. Tartessos gilt denn auch als Vorbild für Platons vielgesuchte Paradiesinsel Atlantis.

Eroberer aus Karthago zerstörten schließlich das menschenfreundliche Tartessos und führten ihr eigenes, sehr merkantilistisches System ein. Am anderen Ende Andalusiens, in Orce im Nordosten der Provinz Granada, wurde Ende 1982 der Teil eines prähistorischen Menschenschädels gefunden. Der «Mensch von Orce» soll vierhunderttausend Jahre alt sein, ein Zwischenglied also in der Entwicklung vom «Homo habilis» zum «Homo erectus». Zweifellos: Wenige Gegenden unserer Welt waren so früh bewohnt wie Andalusien.

Die Römer teilten die Iberische Halbinsel in zunächst zwei, dann in drei und später in sieben Provinzen ein. Den äußersten Norden konnten oder wollten sie nie ganz unter ihre Herrschaft bringen. Die Südprovinz nannten sie Hispania Baetica, nach dem großen Fluß Baetis oder Betis, dem die Araber später seinen bis heute bestehenden Namen Guadalquivir gaben. Die Hispania Baetica, das heutige Andalusien, wurde schneller als die anderen Teile Spaniens romanisiert.

Die damalige Bevölkerung war wohl ähnlich aufgeschlossen allem Fremden gegenüber, wie es die heutigen Andalusier sind. Bei Ankunft der Römer hatte man schließlich schon andere fremde Völker kennengelernt, mit ihnen zusammengelebt, sie integriert. So hatten es die Römer im Süden einfacher als in den übrigen Regionen der Halbinsel, wo sie auf derb-fremdenfeindliche und kriegerische Volksstämme stießen.

Die geselligen Andalusier lernten schnell Latein und vertrugen sich recht gut mit den römischen Legionären, die in diesem wärmsten Teil Spaniens mit Vorliebe überwinterten. In der damals wie heute sehr fruchtbaren Ebene des Guadalquivir wurden in der Römerzeit zahlreiche Niederlassungen gegründet, und aus kleinen Dörfern entwickelten sich große Städte nach römischen Vorbildern. Andalusien wurde zu einer urbanen Region, und viele der Bewohner der Hispania Baetica erhielten die römische Staatsbürgerschaft. Um Gemüse und Obst von hier nach Italien und in andere ihrer Provinzen zu bringen, richteten die Römer Schiffahrtswege über

Flüsse und Meereshäfen ein und bauten Landstraßen. Andalusien erzeugte nicht nur Obst, Gemüse und Getreide, schon in den Legenden über Tartessos ist von den «unzähligen, die gesamte Ebene des Guadalquivir füllenden Stierherden» die Rede. Auch heute noch werden die meisten Kampfstiere Spaniens auf den ausgedehnten Weideflächen Andalusiens gezüchtet. Die zahlreichen Lobsprüche lateinischer Autoren auf die «in keinem anderen Land der Welt anzutreffende Fruchtbarkeit dieses Kornspeichers des Imperiums» mögen leicht übertrieben sein – so rufen sie doch bei vielen Andalusiern unserer Zeit Neid und verständliche Verbitterung über die jahrhundertelange Mißwirtschaft hervor. Nirgendwo, schreibt der griechische Geograph Strabo, sei so viel Gold, Silber, Kupfer und Eisen gefunden worden wie im baetischen, dem andalusischen Spanien. In der Römerzeit gab es schon Großgrundbesitz, existierten schon die ersten jener Latifundien, die heute so oft mitverantwortlich gemacht werden für die Verarmung der Region und die großen sozialen Gegensätze in der Bevölkerung. Es war sicher nur eine Minderheit der damaligen Andalusier, die von dem Zusammenleben mit den Eroberern und Kolonialherren aus Rom wirklich profitierten. Zahlreiche Bauern, Handwerker und kleine Kaufleute lebten in bewußter Distanz zu den Soldaten des römischen Kaisers, andere erlitten das schlimme Schicksal eines Lebens als römische Sklaven.

In der zivilisierten Südprovinz mit ihren großen Städten war auch die Predigt der neuen, der christlichen Religion leichter als im Norden des römischen Spanien. Die katholische Religion – besonders ihre äußeren Zeichen, Bräuche und Riten – ist zu einem festen Bestandteil des andalusischen Volkslebens geworden. Das Leben der Andalusier ist vom Katholizismus stark geprägt, doch nur wenige von ihnen halten sich an die Lehren und Auflagen dieser Religion. Die große Mehrheit der ärmeren Bevölkerung ist seit Jahrhunderten der Kirche entfremdet; der Pfarrer gehört in vielen Dörfern – wie der Apotheker oder der Großgrundbesitzer – zu den feinen, den reichen Leuten, denen man aus langer, unguter Erfahrung zu mißtrauen hat und die man in Zeiten des Aufruhrs gleich zu Beginn der Auseinandersetzungen umbrachte.

Auf die Römer folgten, wie das nun mal so üblich war, die Barbaren, womit man – manchmal auch heute noch – die blonden Leute aus dem Norden Europas meint. Die Barbaren – das waren im 5. Jahrhundert in Andalusien vor allem die Germanenstämme der Sweben, Alanen und Wandalen. Letztere blieben am längsten – zum Schaden Andalusiens, denn sie schlugen viel entzwei, ohne etwas Nützliches zur Entwicklung der Region beizutragen.

Schließlich, zu Anfang des 6. Jahrhunderts, zogen auch die Wandalen weiter nach Afrika und machten Platz für die Westgoten, die zweihundert Jahre blieben, bis sie von einem diesmal vom Süden kommenden Volk, den kriegerischen Arabern, in die steilen Hochgebirge Nordspaniens vertrieben wurden.

Nach der langen arabischen Zeit wurde Andalusien von den Kastiliern für Spanien und die Christenheit zurückerobert. Die manchmal recht blumigen Lobredner Andalusiens meinen ganz genau zu wissen, wer da was zurückgelassen hat: Die Beweglichkeit und Anmut hätten die Tartessier den Andalusiern gegeben, den Römern verdankten sie ihren Sinn für klare Linienführung und die Ästhetik der Einfachheit, von den Arabern erbten sie Leidenschaft und Empfindsamkeit, Scharfsinn steuerten die Juden bei, und die Kastilier brachten ihre erprobte Ehrbarkeit mit. Zu Germanen, Wandalen und Westgoten ist den wohlwollenden Interpreten des andalusischen Volkscharakters offenbar nichts eingefallen – allenfalls negative Züge, die Andalusier ja vielleicht auch haben mögen, doch nicht unbedingt erwähnt werden müssen. Wahr ist, daß die Westgoten, im Gegensatz zu den Mauren später, sich nicht mit dem eroberten Volk vermischten. Andalusien war so lange arabisch-maurisch wie spanisch, das Königreich Granada stand sogar noch länger unter der Herrschaft des Halbmondes. Al-Andalus nannten die Mauren das neueroberte Land und arabisierten dabei einen alten – wahrscheinlich auf die Vandalen zurückgehenden – Namen.

Einige tausend Araber und Berber setzten im Jahre 711 von Nordafrika nach Gibraltar über, schlugen am 19. Juli 711 das zahlenmäßig überlegene Heer des Westgoten Roderich in der Schlacht bei Medina Sidonia und eroberten in einem Blitzkrieg, der sie bis nach Toledo und Guadalajara führte, das Westgotenreich, einen von Intrigen und Verrat geschwächten Staat mit einer durch übertriebenen Luxus verweichlichten Oberschicht. Während die Mauren dann schließlich 733 von Karl Martell bei Tours und Poitiers gestoppt wurden und sich ziemlich feste Grenzen zwischen arabischen und christlichen Herrschaftsgebieten bildeten, wählten die weni-

Eingang zur Moschee in Córdoba

gen Westgoten, die sich in die schwer zugänglichen Berge Asturiens zurückgezogen hatten, einen neuen König namens Pelayo, der mit der Reconquista, der Wiedereroberung des an die Mauren verlorenen Spanien begann, ohne damals ahnen zu können, daß dieses langwierige Unternehmen erst achthundert Jahre später erfolgreich beendet sein würde.

Die kulturelle Überlegenheit des Maurenreiches, die religiöse Toleranz der arabischen Herrscher und die friedliche Koexistenz zwischen Christen und Mohammedanern im Emirat (und späteren Kalifat) von Córdoba und in den Teilstaaten, den sogenannten Taifas, erschwerten die Wiedereroberung. Die Muselmanen waren nicht an der totalen Unterwerfung und Besetzung des ganzen Landes interessiert; die Christen bewunderten die Araber, übernahmen manch Nützliches von ihnen und zeigten keine besondere Eile, schnell das ganze verlorene Land wiederzuerobern. Die vielen Kriege zwischen Mauren und Christen waren meistens Scharmützel, kleine Kommandounternehmen, Grenzkriege mit beschränkten Zielen.

In seltsamem Widerspruch zu der Toleranz, welche die Mauren in Fragen der Religion und fremder Lebensform zeigten, steht ihre Grausamkeit bei dynastischen Intrigen, in Bruderkriegen unter den einzelnen nach Spanien gekommenen Stämmen wie auch bei Eroberungszügen in den christlich gebliebenen Norden. Das Ausmaß der Ausschreitungen hing gewöhnlich von der Person des jeweiligen Maurenkönigs ab. Mit den ungebildeten ersten Almoravidenherrschern machten sich Unduldsamkeit und religiöser Fanatismus auch in Al-Andalus breit. Doch viele der Kalifen waren Intellektuelle: Sie versammelten Gelehrte, Wissenschaftler und Schriftsteller um sich. Vom moslemischen Hof in Córdoba gingen die größten Fortschritte der mittelalterlichen Medizin und Pharmazie aus. Die Erkenntnisse der Naturwissenschaftler aus Al-Andalus übten starken Einfluß auf die ersten europäischen Universitäten aus. Auch die abendländische Philosophie erhielt aus Andalusien wichtige Anstöße durch das islamische Gedankengut.

Die Anziehungskraft der maurischen Kultur veranlaßte Christen aus anderen Teilen Spaniens, nach Córdoba zu ziehen, und nach der Einnahme Córdobas schickten manche christlichen Eroberer sogar ihre Söhne zum Studium ins noch arabische Granada. Viele Christen lernten arabisch, nicht wenige bekehrten sich zum Islam. Die arabisch-andalusische Zivilisation war der in anderen islamischen Ländern überlegen. Die Politiker, Dichter und Wissenschaftler in Al-Andalus wußten das und waren stolz darauf. Die schon früh erwiesene Fähigkeit des andalusischen Volkes, die eigene Kultur und Lebensform mit denen anderer Völker zu verschmelzen, mag eine wichtige Grundlage für diese einzigartige islamisch-christliche Hochkultur gewesen sein. Viele bedeutende Baudenkmäler der arabischen Zeit – die große Moschee von Córdoba, die Alhambra in Granada, die Giralda in Sevilla – gehören zu den eindrucksvollsten

Links: Der Löwenhof in der Alhambra in Granada

Rechts: Im Generalife, Granada

Werken arabischer Baukunst. Nach der Wiedereroberung verfielen manche Bauwerke, andere wurden viel später Opfer der Zerstörungswut französischer Besatzungsheere.

So schnell, wie die Mauren Andalusien erobert hatten, verloren sie es auch wieder. Die kastilischen Ritter besetzten 1236 Córdoba, 1246 Jaén, 1248 Sevilla, 1262 Cádiz. Gut zweihundert Jahre länger hielt sich das Königreich Granada. In diese früher vorwiegend von Juden bewohnte Stadt flüchteten sich viele Araber aus den schon eroberten Teilen Andalusiens. Granada zahlte Tribute an die kastilischen Könige, die sich dann über zwei Jahrhunderte nicht bemüßigt fühlten, diese letzte maurische Bastion einzunehmen. Vielmehr entstand ein reger Handelsaustausch zwischen dem christlichen Spanien und dem mit Handwerk und Industrie wohlversehenen Granada. Erst die «Katholischen Könige», Isabella I. von Kastilien und Ferdinand II. von Aragonien, beendeten die Wiedereroberung, getrieben von ihrem Willen, ganz Spanien zu vereinigen. Im Jahre 1492 fiel das vom Streit in seinem Herrscherhaus geschwächte Granada. Boabdil, der letzte Maurenkönig, verließ die Stadt. Von einer Anhöhe südlich Granadas, die noch heute «El Suspiro del Moro» (Der Seufzer des Mauren) heißt, schaute er noch einmal weinend auf das verlorene Paradies zurück. Der Legende zufolge soll ihm seine Mutter zugerufen haben: «Wie ein Weib beweinst du das, was du als Mann nicht zu verteidigen vermochtest.» Boabdil zog sich in die Bergklüfte der Alpujarras, südlich der Sierra Nevada, zurück.

Die Mauren und ihre Zivilisation blieben zunächst. Die Katholischen Könige hielten ihr Versprechen zur Toleranz gegenüber den jetzt «Moriscos» genannten, unter christlicher Herrschaft lebenden Muselmanen jedoch nur einige Jahre. Die verschiedenen Austreibungsdekrete zwangen hundertfünfzigtausend von insgesamt etwa einer halben Million Moriscos zum Verlassen Spaniens. Die Mauren wehrten sich in mehreren Aufständen gegen die Verfolgungen; zur Niederwerfung einer Rebellion der Moriscos in Valencia wurden zweitausend Landsknechte aus Deutschland herbeigeholt. Viele weltliche und geistliche Adlige schützten aber auch «ihre» Moriscos, die ihnen als gute Steuerzahler unentbehrlich waren.

Die andalusischen Bauern, aber auch die Städte, verdanken den Mauren große, für die damalige Zeit außergewöhnlich perfekte Bewässerungsanlagen. Diese «Zivilisation des Wassers» war eine überaus wichtige Errungenschaft in einer Region, die von nichts so abhängig ist wie vom Wasser. Die Andalusier kennen die Bedeutung der langen arabischen Herrschaft für die Entwicklung ihres Landes und ihrer Zivilisation. Sie wissen auch, daß arabisches Blut in ihren Adern fließt; doch gerade in den einfacheren Volksschichten hat man es nicht so gern, wenn man von Spaniern aus dem Norden des Landes als «halber Maure» bezeichnet wird oder hören muß, Afrika beginne ja eigentlich schon in Andalusien. Eine nach dem Ende des Francoregimes

Blick auf Málaga

gegründete regionalistische Partei erlitt nach anfänglichen Erfolgen Schiffbruch, nicht zuletzt deshalb, weil sie allzusehr das arabische Erbe als Unterscheidungsmerkmal der Andalusier von den übrigen Spaniern herausgestellt hatte. Diese Partei wurde übrigens zum beachtlichen Teil von arabischen Petroleumländern finanziert. Am südwestlichen Ende Europas beheimatet, fühlen sich die Andalusier sehr bewußt als Europäer. Die Zahl der Anhänger eines vereinten Europa ist hier besonders groß.

Seit einigen Jahren werden in Andalusien wieder Moscheen gebaut: in Córdoba und vor allem an der Costa del Sol, der jährlich von Millionen Touristen besuchten Ferienprovinz Málaga. Die Araber kommen wieder, allerdings nicht mehr als kriegerische Eroberer: Sie kommen jetzt als gerngesehene Geschäftsleute und Investoren. Die neuen «Moros» – wie die Araber noch immer in Spanien genannt werden – kommen aus Saudi-Arabien, Kuwait und den Golfemiraten. Sie haben der Costa del Sol, als Baugeschäft und Fremdenverkehr dort in eine Krise geraten waren, wieder finanziellen Auftrieb gegeben.

Dem gesellschaftlichen Leben der reichen, adligen und aus den Illustrierten bekannten feinen oder weniger feinen Leute aus Marbella können die neuen Herren aus dem Morgenland wenig abgewinnen. In den Nachtclubs und bei Privatfeten wirken die gewöhnlich mit dem ganzen Familienclan kommenden Araber eher wie stimmungstötende Fremdkörper. Eitelkeit, Snobismus und Publizitätsgier der aus Geld, Adel und Showgeschäft buntgemischten Marbellaprominenz scheinen für sie unverständliche Phänomene einer ihnen fremden Welt zu sein. Die Behörden an der Costa del Sol schätzen außer der finanziellen Seriosität den Geschmack, den die Araber bei ihren Siedlungen beweisen, ihren Respekt vor der Landschaft und vor dem ihnen ja gar nicht so fremden Baustil Andalusiens. In und um Marbella haben inzwischen Könige und Staatschefs aus dem Orient ihre Paläste gebaut. Sie sind häufig an der Sonnenküste, was dank ihrer Zurückhaltung nicht einmal immer bekannt wird. Moscheen entstehen auch da, wo es keine reichen Ölscheichs gibt: In Córdoba, wo heute nur wenige und keineswegs prominente Muselmanen leben, hat der Bürgermeister gegen den Protest des katholischen Bischofs eine fast zerfal-

Die Alcazaba-Gärten in Málaga

lene Kirche den Mohammedanern zum Umbau als Moschee zur Verfügung gestellt. Mit der neuen Demokratie ist die religiöse Toleranz gegenüber Andersgläubigen, wie sie vor tausend Jahren die Araber praktizierten, nach Andalusien zurückgekehrt.

Gegensätze zwischen arm und reich

Im nostalgischen Blick zurück wird das arabische Andalusien leicht zu einer Art Heimstatt von Vernunft und Freiheit und einer wirtschaftlich wie sozial fortschrittlichen und rationalen Enklave im damaligen Europa verklärt. Eine Vorstellung, die, wenn überhaupt, nur für eine einzige Epoche innerhalb der langen maurischen Herrschaft zutrifft. Die Irrtümer bei der Wiedereroberung und Wiederbevölkerung («reconquista y repoblación») haben dazu beigetragen, die Zeit der Kalifen zu idealisieren. Unbestreitbar ist, daß viele wirtschaftliche und soziale Probleme, an denen Andalusien heute noch leidet, auf die Fehler der Eroberer zurückgehen. Das Land wurde bei der Reconquista an die kastilischen Ritter und Offiziere, die Südspanien von den Mauren erobert hatten, verteilt. Mit den Muselmanen vertrieb man auch die Kenntnis fortgeschrittener Techniken in der Agrarwirtschaft, vor allem in der Bewässerung. Das Land konnte nicht mehr so intensiv bewirtschaftet werden. Viehherden weideten dort, wo früher durch geschickte Bewässerung Obst und Gemüse erzeugt wurden. Neben der militärischen Oligarchie wurde die Kirche – und in ihr vor allem einige religiöse Orden, sogar Bettelorden – zum neuen Großgrundbesitzer Andalusiens.

In dem später eroberten Ostandalusien behielten allerdings manche Gemeinden beträchtlichen Landbesitz, und auch im privaten Besitz waren die Unterschiede nicht so kraß wie in den Westprovinzen. So waren auch in Ostandalusien die Aufstände der Landarbeiter seltener, und der Klassenkampf wurde mit weniger Erbitterung geführt als in den westlichen Provinzen, wie etwa in Sevilla und Cádiz. Es war ausgerechnet eine damals als progressiv geltende Maßnahme

Links: Haus in Antequera

Rechts: Typische Fassade in Antequera

einer liberalen Regierung, welche die soziale Ungerechtigkeit und die wirtschaftlich ungesunden Besitzverhältnisse noch verschlimmerte: die Enteignung des Kirchenbesitzes im 19. Jahrhundert. Das in großen Mengen angebotene und versteigerte Kirchenland konnten nur die reichen Leute kaufen, am ehesten die Landadligen, die schon das andere, das nichtkirchliche Land besaßen.

Die reichen Großgrundbesitzer – «Señoritos» genannt – und die revolutionären, meist anarchistischen Landarbeiter wurden bis in das erste Drittel unseres Jahrhunderts die großen antagonistischen Figuren der andalusischen Gesellschaft und ihrer politischen Auseinandersetzung. Mehr noch als in anderen Teilen Spaniens setzte sich in Andalusien innerhalb der Arbeiterbewegung und gegenüber der marxistischen Doktrin die anarchistische Lehre Bakunins, der «freiheitliche Kommunismus», durch. Mit seinen utopischen, ja oft messianischen Zügen fand der Anarchismus unter den besitz- und meistens auch arbeitslosen Landarbeitern Andalusiens besonders viele Anänger. Das, was man später den «andalusischen Spartakismus» nannte – jener radikale Einsatz für ein großes, häufig utopisches Ideal –, gewann aber auch viele städtische Arbeiter, Handwerker und Lehrer für sich. Das wohlhabende Bürgertum konnte zunächst nur schwer eine heimliche Bewunderung für jene heroisch wirkenden und oft bis zur Unmenschlichkeit konsequenten Männer mit den ausgetrockneten Gesichtern verbergen, die ihre gesamte Habe unter die Landarbeitermütze stecken konnten. Doch bei den Reichen und Mächtigen siegte die Furcht vor drohenden Veränderungen. Im Kampf um ihre Interessen griffen sie zu den Mitteln der harten Repression als Antwort auf die Forderungen, die ihnen von den Kornfeldern Córdobas, aus den fruchtbaren Ebenen Sevillas, den Weinbergen der Provinz Cádiz, den Olivenhainen Jaéns und den Bergtälern Granadas und Málagas entgegenschallten. Die anarchistischen Landarbeiter zündeten Ernten an, besetzten große Güter, zerstörten landwirtschaftliche Maschinen, rissen die Weinreben aus und schnitten den Olivenbäumen die Äste ab. Wie traurige und stumme Zeugen eines heftigen Klassenkampfes standen dann die kahlen Stämme mitten in einer Landschaft, der bis zu der Nacht der Zerstörung ihre runden Kronen ein wellenförmiges und harmonisches Aussehen gegeben hatten.

Die direkten Angriffe auf das Eigentum wurden zu den beliebtesten Waffen im Kampf gegen die Großgrundbesitzer. Das geringste Risiko gingen die Erntebrandstifter ein; nur wenige von ihnen wurden bekannt und verhaftet. Bei Landnahmen, der Besetzung von Feldern und Gütern, die von den Landarbeitern manchmal sogar mit guten juristischen oder historischen Argumenten beansprucht wurden, kam es häufig zu Kämpfen mit der Guardia Civil und zu Todesopfern.

Im Jahre 1932, unter einer liberal-sozialistischen Regierung der zweiten Republik, erhoben sich die anarchistischen Landarbeiter des Dorfes Casas Viejas, das einem Herzog gehörte, eroberten die Kaserne der Guardia Civil, wobei sie einen Polizisten töteten, schnitten die Telefonleitung nach «Restspanien» ab, legten Grenzgräben an und erklärten sich zur unabhängigen anarchistischen Kommune. Die Polizei vertrieb im Gegenschlag die meisten Dorfbewohner. Die letzten sieben, die sich in einer Landarbeiterhütte verschanzt hatten, wurden auf Befehl eines Polizeihauptmanns, ohne Wissen der Regierung, mit Frauen und einem Kind lebend in ihrer Hütte verbrannt, zwölf weitere vor der brennenden Hütte erschossen. Das Gemetzel von Casas Viejas wurde so berüchtigt, daß man selbst dem Dorf einen anderen Namen gegeben hat. Es heißt jetzt Benalup.

Zu Beginn der neuen Demokratie wurden noch hin und wieder Ernten verbrannt. Doch die schon vor Francos Tod gegründete und zunächst illegal tätige Landarbeitergewerkschaft «Sindicato de Jornaleros» (SOC), die im Tal des Guadalquivir das Erbe der Anarchisten übernommen hat, lehnt – ebenso wie die kommunistischen Arbeiterkommissionen – gewaltsame Angriffe auf das Eigentum ab. Die Leute vom SOC besetzen «ganz friedlich» Landgüter und lassen sich dann – ebenfalls «ganz friedlich» – von Guardia-Civil-Polizisten wegtragen. Eine Guardia Civil, die Landarbeiter auf den Händen trägt – die Zeiten haben sich wohl wirklich geändert! Über Beschränkungen beim Einsatz von Erntemaschinen einigt man sich häufig, damit die Landarbeiter nicht noch mehr Arbeitsplätze verlieren.

Die 1982 an die Macht gelangte sozialistische Regierung hat den besitzlosen Landarbeitern die Bewirtschaftung und Verwaltung – nicht den Besitz – der Güter eines großen Konzerns zugesagt, der wegen betrügerischer Geschäftsmethoden und hoher Verschuldung enteignet wurde. Die Landreform ist seit Jahrhunderten das große Thema in Andalusien, und nachdem seit den Regional- und Gemeindewahlen von 1982 und 1983 die Linke fast überall in Andalusien die absolute Mehrheit hat, geht es in den Debatten – nicht nur im Regionalparlament in Sevilla, auch in den Gemeinderäten der Landarbeiterstädte zwischen Sevilla und Cádiz – zunehmend um die so oft geplante und immer noch anhängige Agrarreform. In Ortschaften, wo wie in Lebrija ein gutes Drittel der Landarbeiter ständig arbeitslos ist und auf den Plätzen und Straßen das ganze Jahr über junge und ältere Männer ohne Beschäftigung und ohne Geld in den Taschen herumstehen, werfen sich Kommunisten und Sozialisten in heftiger Form gegenseitig vor, nichts oder bewußt das Falsche für die Landreform zu tun.

Es gibt kaum noch Dörfer, in denen Gutsverwalter auf den Marktplatz gehen und sich die stärksten oder die geduldigsten der dort auf Arbeit Wartenden aussuchen können. Manche Arbeitslose werden für einen geringen Lohn in der vom Staat bezahlten sogenannten Gemeindearbeit beschäftigt. Das sind Ausbesserungs- und Dorfverschönerungsarbeiten ohne allzuviel

Andalusisches Pferd

Sinn und besonderen Nutzen. Nicht wenige Landarbeiter ohne Arbeit empfinden das tägliche Kehren des Sportplatzes oder die Säuberung der Straßengräben als demütigend. Andere suchen wildwachsende grüne Spargel oder Schnecken in den Sumpfgebieten am Guadalquivir und bieten sie zum Verkauf an. Gewiß, Hunger leiden nur noch – oder erst wieder – wenige der (1983) rund hundertfünfzigtausend arbeitslosen Landarbeiter in Andalusien, doch viele müssen ihre Ausgaben für die Ernährung aufs Notwendigste und Billigste beschränken oder lassen monatelang anschreiben in der Hoffnung, nach der nächsten Wein- oder Olivenernte bezahlen zu können.

Die Landarbeiter haben bis auf wenige Ausnahmen auf die Zerstörung des Eigentums als Mittel des sozialen Kampfes verzichtet. Ihr Hang zur Violenz äußert sich – kein Wunder bei einem so redefreudigen und sprachverliebten Volk – jetzt vorwiegend rhetorisch. Der Bürgermeister und Lehrer des Landarbeiterdorfes Marinaleda, auch er einer der Führer der Gewerkschaft SOC, rief der sozialistischen Regierung, als diese die Besetzer von Landgütern von dem besetzten Land polizeilich entfernen ließ, entgegen: «Entfernt den Hunger aus Andalusien, ihr Herren an der Macht, schickt die Polizei, um alle aus unserem Land zu entfernen, die Elend und Not schaffen. Das sind die wirklichen Delinquenten und nicht die Arbeiter, die, um zu arbeiten, auf die brachliegenden Güter gehen . . . Wer Land in Andalusien fordert, fordert Menschenwürde und erfüllt eine historische Pflicht. Er geht den Weg der Gerechtigkeit für ein Volk, das jahrhundertelang an den Straßenrand gestoßen und in die Gräben des großen historischen Vergessens geworfen wurde. Für Land und für Freiheit ruft die andalusische Hymne unser Volk auf, sich zu erheben!» Tatsächlich ist die 1918 von dem Führer der regionalistischen Bewegung, Blas Infante, und seinen Freunden geschriebene andalusische Hymne ein Aufruf zum Aufstand für Freiheit und Land. Blas Infante gab den Andalusiern auch ihre grün-weiße Fahne; das Grün steht für die Hoffnung und das Weiß für die Güte der Andalusier. Der gütige und an das Gute im Menschen glaubende Blas Infante wurde 1936, nach Francos Putsch, von andalusischen Faschisten an einem Straßengraben in der Nähe von Sevilla erschossen.

Die Führer der Landarbeitergewerkschaft SOC reden häufig mit der Inbrunst religiöser Prediger. Wie ein Messias sieht denn auch Sánchez Gordillo, der Bürgermeister von Marinaleda, aus; seine bildkräftige Sprache ist nicht frei von demagogischen Wendungen. Er organisierte die berühmten «Hungerstreiks gegen den Hunger» in seinem Dorf, in dem es monatelang kein Trinkwasser gab, bis der benachbarte Herzog von Infantado dem Dorf etwas Wasser aus den Bewässerungsbrunnen seiner Felder überließ.

In der gewerkschaftlichen Praxis sind die Landarbeiterführer realistisch und pragmatisch geworden. Der schöne alte Satz «La tierra para quien la trabaja!» (Die Erde für den, der sie bearbeitet!) erhält bei politischen Reden immer noch großen Beifall, doch es geht heute selbst den radikalen Landarbeiterverbänden kaum noch um die Aufteilung des Landes, um die Verteilung des Eigentums an möglichst viele. Zugang zum Land, zu der von ihnen bearbeiteten Erde wollen die Landarbeiter haben, und damit Verantwortung für dieses Land. Selbstverwaltung und Kooperation sind die neuen Zielsetzungen. West- oder Niederandalusien, die große Ebene von Córdoba bis zur Mündung des Guadalquivir, gehört zu den fruchtbarsten Landstrichen Europas. Das Wort vom europäischen Kalifornien mag übertrieben sein, doch bei ausreichender Bewässerung und intensiver Bewirtschaftung könnte Andalusien viel mehr produzieren und neue Arbeitsplätze schaffen. Was produziert wird, muß allerdings auch abgesetzt werden; landwirtschaftliche Erzeugnisse aus Spanien zu verkaufen, ist bei den Schutzmaßnahmen der Europäischen Gemeinschaft nicht einfach. Bei allen Plänen für die Landreform muß man sich zunächst einmal darüber klarwerden, wie die andalusische Landwirtschaft in Zukunft aussehen soll, was vernünftigerweise angebaut werden kann. Andalusien darf nicht zu einem großen Weizenfeld werden, denn spanischer Weizen ist in Europa schwer verkäuflich, und man braucht zu seinem Anbau kaum Arbeitskräfte.

Die Arbeitskräfte machen den Señoritos, den Landbesitzern, zunehmend Sorge: Sie sind teurer und nach Meinung der «Landherren» auch aufsässiger geworden. Die meisten Großgrundbesitzer haben sich allerdings auch verändert; sie mußten ihr Verhalten, ihre Lebensform und die Bewirtschaftung ihrer Güter neu überdenken. In den fünfziger und Anfang der sechziger Jahre ließen sich bei minimalen Arbeitslöhnen und staatlichen Absatzgarantien große Gewinne erzielen, ohne daß die Landbesitzer sich um ihre Güter zu kümmern brauchten. Sie lebten in Madrid,

Fortsetzung Seite 25

Sandstrand bei Estepona

Strand in der Nähe von Gibraltar

Strand bei San Roque (links und rechts)

OFICIAL

Abendstimmung am Meer bei Marbella

«Mezquita del Rey abdul abdulaziz del Saud» in Marbella

bestenfalls in Sevilla, und kamen gewöhnlich nur auf ihre Güter, um große Feste zu feiern. Diese Zeit ist wohl endgültig vorbei; heute müssen die Señoritos auch Bauern sein, müssen auf ihren Gütern anwesend sein, wenn sie noch Gewinn machen wollen. Daß viele von ihnen der «Demokratie» die Schuld dafür geben, daß sie nun sogar arbeiten müssen, mag mit dem traditionell niedrigen Bildungsniveau der andalusischen Oberschicht zusammenhängen.

«Wer Landgüter oder Sherryfirmen erben wird, braucht keine Universität. Da gehören die Kinder von Ladenbesitzern und Tintenklecksern hin», so hörte man es bis vor kurzer Zeit noch häufig bei den feinen Leuten in Jerez, Córdoba oder Sevilla. Señorito bedeutet eigentlich «junger Herr», aber auch – und so ist es in Andalusien gewöhnlich gemeint – Herr, der Knechte für die Arbeit hat, also nicht selbst arbeitet, und der Besitz, Landbesitz vor allem, über den er hoch zu Roß reiten kann, sein eigen nennt. Ein Señorito ist also ein Herr, der irgendwie über andere herrscht. So war es und so ist es wohl auch noch mit den Herren von Jerez. Die wahren Herren von Jerez interessieren sich für Pferde, Wein und Frauen – und zwar in dieser Reihenfolge. Sie gehören nur wenigen, rund fünfzehn Familien an. Die Sherrybarone werden sie gern genannt, und Barone, Marquis oder Grafen sind sie meistens auch.

Pferden und Wein sind die beiden großen Festwochen gewidmet, die Jerez de la Frontera, die alte Stadt in der Südwestecke Spaniens, Jahr für Jahr feiert: im Mai die Feria des Pferdes und im September das Sherryfest. Auch die Pferde – die schönsten Spaniens – gehören den Sherrybaronen, den Terrys und den Domecqs. Fernando de Terry führt seine silberschillernde Zucht ausgewählten Gästen in seiner weiträumigen Bodega vor. Alvaro Domecq lädt auf die Landgüter seiner Familie ein und zeigt ganz privat seine Dressurkünste. «Wie Andalusiens Pferde tanzen» nennt er sein gerittenes Gastgeschenk. Der Wein von Jerez ist der in der Welt bekannteste unter den Weinen Spaniens. Die Engländer, die ihn besonders gern trinken, doch das gutturale Wort Jerez nicht aussprechen konnten, haben ihm seinen internationalen Namen – Sherry – gegeben. Englisches und irisches Blut fließt auch in den Adern der fünfzehn Familien. Wacher britischer Geschäftssinn hat sich hier mit feudalistischem Lebensstil verbunden. Künstlerische oder literarische Neigungen finden sich kaum in der Sherryaristokratie.

Das selbstbewußte und manchmal herrische Auftreten der Barone in der Landeshauptstadt hat den falangistischen Dichter Foxá zu bösen Versen inspiriert: «Eitle und dümmliche Horde aus dem Süden / mit dem Geruch nach Pferd und Weide behaftet / Spiegel eines falschen Andalusiens / tragen sie die Trunkenheit als Emblem / und haben Markenartikel zu Familienwappen.» Kultur und Kunst ist nicht unbedingt die Sache der fünfzehn Familien, einen kultivierten Lebensstil wird ihnen niemand absprechen. Ihr Auftreten hat nichts Künstliches und zeigt kein Bemühen um Distanz zu den Menschen aus anderen sozialen Gruppen: Der Abstand ist wie von selbst da. Prunk und neureiches Prahlen mit Reichtum wären ebenso deplaciert wie schamhaftes Verbergen dieses Reichtums.

Andalusische Gastfreundschaft praktiziert der Patriarch José Domecq, wegen seines wildkatzenartigen Aussehens «Pepe Pantera», Panther-Sepp, genannt, auf seinem riesigen Landgut, dem «Königreich von Frías», wo der Gast tagelang über ausgedehnte Weideflächen von Kampfstieren reiten kann und die jungen Landknechte, die Toreros werden wollen, ihm zu Ehren einen Jungstier töten.

Nach dem Ende der Diktatur hat sich auch in Jerez vieles verändert. Gleich geblieben ist der Wein, der in der Sonne glitzernde, transparente und goldfarbene Sherry mit dem trockenen, kalt zu trinkenden «Fino» und dem halbtrockenen, duftenden «Oloroso» als den beiden Grundtypen. Zubereitung und Genuß des Sherry werden in Jerez mit Freude am zeremoniellen Ritual betrieben: vom feierlichen Treten der Trauben übers Abschmecken bis hin zum Servieren und Trinken – ganz so, als wollten die Leute von Jerez die Gültigkeit des englischen Dichterwortes vom Sherry als einem kultivierten Getränk immer von neuem beweisen.

Die Verfassung von Cádiz

Dichterworte werden gerne von der Werbung ausgebeutet. Wie dem auch sei: Die Trauben von Jerez wachsen jedenfalls in einer alten Kulturlandschaft. Cádiz, auf der schmalen Landzunge auf der anderen Seite der Atlantikbucht, ist nicht nur eine sehr alte Stadt, sondern auch eine der

Links: Sevilla mit Dom und Giralda

Rechts: Gasse in Sevilla

historischen Stätten der Demokratie und des Liberalismus in Europa. Zum Weingebiet von Jerez gehören Puerto de Santa María, berühmt wegen seiner großen Bodegas und als Geburtsort des Lyrikers Rafael Alberti, und im Norden Bonanza und Sanlúcar, wo der Sherry Manzanilla heißt und von wo Kolumbus sich zu seiner zweiten und dritten Amerikareise einschiffte. Noch etwas weiter nördlich beginnen die unzugänglichen Morastsümpfe, die Marismas, und auf der anderen Seite des Guadalquivir Europas größtes Vogelschutzgebiet, der Nationalpark Coto de Doñana, von wo es wiederum nicht weit ist bis nach El Rocío, dem Ziel einer großen, ausgelassenen Reiterwallfahrt an Pfingsten. In San Fernando an der Bucht von Cádiz wird, seitdem die Römer dort waren, Salz aus flachen Salinen gewonnen; heute werden hier auch große Kriegsschiffe gebaut, und mitten in der idyllischen Weinlandschaft erinnert die amerikanische Marinebasis Rota, wichtiges Gliedstück in der westlichen Verteidigungskette, daran, daß auch die Südwestecke Europas vor einem möglichen Krieg nicht sicher ist.

In Cádiz wurde 1812 eine der ersten liberalen und demokratischen Verfassungen Europas ausgearbeitet. Spanien hatte sich in einem lang andauernden Unabhängigkeitskrieg gerade von den napoleonischen Truppen befreit. In diesem Unabhängigkeitskrieg und in Andalusien wurde übrigens eine neue Form des Krieges – die Guerilla, eigentlich Kleinkrieg – erfunden, eine Praxis, die erst in unserem Jahrhundert von Mao und Che Guevara theoretisch erarbeitet wurde. Im andalusischen Bailén, einem öden Verkehrsknotenpunkt zwischen Madrid, Sevilla und Granada, feierte der Guerillakrieg seinen ersten großen Erfolg. Die Liberalen schufen in Cádiz zusammen mit den aufgeklärten Monarchisten und gegen den Protest der Anhänger eines absolutistischen Königtums eine Verfassung, wie sie dem Wünschen und Wollen der überwiegenden Mehrheit der spanischen Bevölkerung entsprach. Diese liberale Konstitution wurde sehr bald von König Ferdinand VII., dem übelsten Charakter unter den gewiß nicht wenigen unfähigen oder bösartigen Königen, die Spanien erleiden mußte, gebrochen und dann später von französischen Söldnern mit dem ebenso prätentiösen wie verlogenen Namen der hunderttausend Söhne des heiligen Ludwig mißachtet und außer Kraft gesetzt.

Doch in den Gedanken der spanischen Demokraten lebte die Verfassung von Cádiz weiter fort und wurde noch in den Jahren nach dem Ende der Francozeit, als ein demokratisch gewähltes Parlament wieder eine Verfassung auszuarbeiten hatte, als hehres Vorbild zitiert und zu Rate gezogen.

Die von dem königlichen Tyrannen unterdrückten Liberalen verbanden sich später mit Guerillaführern und aufgeklärten Offizieren. So konnte es im 19. Jahrhundert zu dem seltsamen Phänomen der liberalen und progressistischen Militärputsche in Spanien kommen. Einer der wich-

Der Audienzsaal im Alcázar, Sevilla

tigsten begann wiederum in Andalusien: 1820 erhoben sich in Cabezas de San Juan unter der Führung liberaler Offiziere die Truppen, die dort auf ihre Einschiffung nach Spanisch-Amerika warteten, gegen den Absolutismus und zwangen den König Ferdinand VII. zum Schwur auf die Verfassung von Cádiz – die von 1812. Spanien war mal wieder das liberalste und fortschrittlichste Land Europas – eine kurze Zeit nur, denn dieser König pflegte alle Eide zu brechen. In dieser Zeit hatte sich zum ersten Mal in der Weltgeschichte eine Partei den Namen «liberal» gegeben: Das waren die aus Cádiz stammenden spanischen Liberalen. Die weltoffene Stadt Cádiz war ein guter Nährboden für eine liberale Bewegung; in dem alten Kulturland Andalusien hatten es engstirnige, ängstlich-traditionalistische Tendenzen immer schwerer als in anderen Teilen Spaniens. Aus andalusischen Häfen waren die Schiffe ausgelaufen, die unter Cristóbal Colón – Christoph Kolumbus – Amerika entdeckt hatten. Vom Handel mit dem neuentdeckten Kontinent lebten dann hundert Jahre gut – danach jedoch schlecht und recht – die großen andalusischen Hafenstädte Cádiz und noch mehr Sevilla.

Sevilla

Sevilla, «Hafen und Tor Westindiens», hatte eine Monopolstellung im westindischen, das heißt im amerikanischen Handel. Alle Schiffe, die Waren nach oder aus Amerika transportierten, mußten Sevilla anlaufen; später mußte sich die Metropole am Guadalquivir mit Cádiz dieses Privileg teilen. Wie überall, wo es Geld zu verdienen gab, erschienen auch in Sevilla und Cádiz damals die Engländer, ließen sich nieder und heirateten in brave andalusische Familien ein, um sich an dem von Spanien kontrollierten Amerikageschäft beteiligen zu können. Später, als Spanien militärisch schwächer wurde, setzten die in der Wahl ihrer Mittel nicht gerade zimperlichen Briten ihre Seeräuber ein: Die sich an kein Gesetz der zivilisierten Welt haltenden Piraten – Verbrecher, die in England als Helden gefeiert werden – machten auf allen Meeren der Welt nicht nur den Spaniern zu schaffen.

Sevilla wurde in dieser Zeit zum Zentrum der vergleichsweise kleinen Gauner: Hochstapler, Taschendiebe, Wucherer, Zuhälter, falsche Zeugen und käufliche Schläger hatten in dieser Stadt ihre eigenen, von Cervantes so meisterhaft beschriebenen Plätze und sogar Schulen, auf denen sie eine seriöse professionelle Ausbildung in ihrem jeweiligen Fachgebiet erwerben konnten. Obwohl längst keine Schiffe mit Gold, Silber und Edelsteinen den Guadalquivir mehr heraufkommen, fühlen sich die Diebe in Sevilla auch heute noch recht wohl.

Blick auf Sevilla

Sevilla war jahrhundertelang kleiner und unbedeutender als Córdoba und auch Granada. Erst als Córdobas Ruhm verblaßte, erlebte Sevilla seinen Aufschwung. Die Sevillaner übertreiben gerne, sind extrovertiert und neigen zu Prunk. Im 15. Jahrhundert setzten sich schon einige von ihnen zusammen und sagten: «Laßt uns eine Kathedrale bauen, die so groß sein soll, daß sie die Welt und die Nachwelt in Staunen und Schrecken versetzt.» So bauten sie denn die nach dem Petersdom und Saint Paul in London drittgrößte Kirche der Christenheit.

Die Sevillaner übertreiben mit Anmut und Witz, auch in ihren Komplimenten und Liebeserklärungen. Wie jener Volksdichter, der in seinem Flamencovers der von ihm verehrten Frau zusingt:

«Vor der Tür Deines Hauses
Sah ich gestern vierzehn Tote liegen.
Sie starben aus Schmerz darüber,
Daß Du sie nicht liebtest.»

Sevilla sei eine muntere Stadt, meint der Andalusienkenner Anton Dieterich, und da geben ihm alle, die Sevilla wirklich kennen, recht, selbst wenn Rainer Maria Rilke da anderer Meinung war. Die Sevillaner sind heitere Menschen, geben sich herzlich und spontan. Schmerz und Trauer pflegen sie vor ihren Mitmenschen zu verbergen; ihre Grazie, ihr Witz und ihr Einfallsreichtum im Gespräch sind unübertroffen. Die Mädchen und jungen Frauen lächeln den Fremden aus tiefschwarzen Augen an, ohne daß dahinter eine besondere Absicht steckt. Die sanften, fast schon süßlich wirkenden Madonnengesichter, wie man sie von den Gemälden des sevillanischen Malers Murillo kennt, begegnen einem auch heute noch in den Straßen von Triana, Macarena oder im Barrio Santa Cruz, wo Cervantes «in jeder Straße und hinter jeder Hausecke ein Abenteuer» fand.

Ungewöhnliche Gesichter Andalusiens

Neben dem heiteren und dem bitteren Andalusien gibt es ein unbekanntes, vergessenes und eigentlich noch gar nicht entdecktes Andalusien: der Grenzstreifen zu Portugal in der Provinz Huelva etwa, große Landstriche von Almería, die weiten, mit Olivenbäumen bepflanzten Ebe-

Kastell von Alburquerque (Badajoz)

nen in der nördlichen Provinz Jaén und die besonders reizvolle Sierra von Cádiz mit ihren weißen Dörfern Ubrique, Grazalema, Zahara.

Über die Menschen dieser Sierra haben englische Anthropologen, die längere Zeit dort lebten, aufschlußreiche Bücher geschrieben. Im Talkessel von Ubrique leben alle Einwohner von der Herstellung von Lederwaren. Wenn dann Jahr für Jahr die Fabrikarbeiter, unterstützt von den Heimarbeitern, gegen die wenigen Unternehmer, auch sie Söhne der Stadt, streiken, dann schließen alle Läden im Ort, demonstrieren Händler und Wirte, Lehrer und Polizisten: die altertümliche Solidarität eingeschlossener Bergmenschen. Grazalema und Zahara wetteifern zu Recht um den ersten Platz unter den schönsten weißen Städten. Richard Ford, der vor über hundertfünfzig Jahren viele tausend Kilometer zu Pferd durch Spanien reiste, fand nichts Gutes an Grazalema, «das wie ein Vogelnest am Felsen hängt und dessen Bewohner, entweder Diebe oder Schmuggler, eine ganze französische Division in die Flucht schlugen. Die wilden Frauen schauen, während sie im schäumenden Fluß ihre bunten Kleider waschen, den Reisenden starr an, so als wäre er nichts weiter als ein willkommenes Opfer ihrer räuberischen Ehemänner.» Ein gutes Jahrhundert später zog Pitt-Rivers nach Grazalema und konnte das ungerechte Urteil seines Landsmannes mit einer langen Studie widerlegen.

In Grazalema steht an einem der schönsten Plätze, wie in fast allen Orten Spaniens, ein Bürgerkriegsdenkmal, doch statt der Aufschrift «Zum Gedenken der für Gott und das Vaterland Gestorbenen» (womit immer nur die Toten der einen Seite, der Rechten, gemeint sind) steht in Grazalema jetzt auf dem Denkmalsockel: «Für alle, die für Grazalema gestorben sind.» Ein schönes Beispiel, das die Menschen aus der Sierra für die Wiederversöhnung aller Spanier und für die Vorherrschaft der Vernunft über falsch verstandenen Patriotismus und religiöse Unduldsamkeit geben. In dieser abrupten Bergwelt herrschten einst die Bandoleros, die manchmal, keineswegs immer, edlen Räuber zu Pferde. In der Sierra Morena, dem Grenzgebirge zu Kastilien, hielten sich die Bandoleros am längsten. Hierher hatte der König Karl III. im 18. Jahrhundert deutsche Siedler geholt. Der einfallsreiche englische Reisende Borrow mußte feststellen, daß die Sierra-Morena-Wirte mit blondem Haar und deutschen Familiennamen ihre Gäste genauso ausraubten wie ihre dunkelhaarigen Kollegen rein spanischen Blutes.

Plaza de España in Sevilla

Die Leute aus der andalusischen Ostprovinz Almería hatten lange Zeit hindurch Minderwertigkeitskomplexe: In Spanien galten sie als die Ärmsten von allen, in der Rangliste des Prokopfeinkommens lag die Provinz viele Jahre auf dem fünfzigsten, dem letzten Platz.

Den anmutigen Akzent der übrigen Andalusier kriegen die Leute aus Almería nicht so recht hin; so werden sie leicht mit ihren Nachbarn, den Murcianern verwechselt, jenen – zu Unrecht – schlecht beleumundeten Menschen, die einige spanische Könige mit dem bösen Satz, sie wollten in ihren Diensten weder Zigeuner noch Murcianer noch sonstige Leute von schlechtem Lebenswandel sehen, gebrandmarkt hatten. Inzwischen ist Almería selbstbewußter geworden: Die Provinz hat Karriere gemacht, zunächst beim Film. Ihre Mond- und Wüstenlandschaften eignen sich gut als Schauplätze für Wildwestfilme. Doch seinen wirtschaftlichen Aufstieg verdankt Almería weniger der Leinwand als modernen Plastikdecken, mit denen ein Teil der Provinz jetzt tatsächlich zugedeckt ist. Um das geringe Wasser bei einer in Europa sonst unerreichten Zahl von Sonnenstunden auszunutzen, werden auf immer größeren Flächen Gemüse und subtropische Früchte unter Kunststoffdecken angepflanzt. Unter den weißen, durchsichtigen Plastikdecken und der heißen Sonne des spanischen Südostens wachsen Paprika, Tomaten, Avocados, Chirimoyas, Melonen, aber auch grüne Bohnen und Gurken in einer in Europa bis dahin nicht erreichten Rekordzeit. Almería ist jetzt die andalusische Provinz mit den wenigsten Arbeitslosen und in der Prokopfeinkommen-Bilanz in wenigen Jahren vom 50. auf den 34. Platz hochgeklettert. Hoch oben in den Bergen, wo die Provinz in die Sierra Nevada hineinreicht oder wo sie auf der anderen Seite an Murcia grenzt, hat sich trotz Hollywoodstars und Plastik-Landwirtschaft drunten an der Küste wenig geändert. Die Kleinbauern leben schlecht und recht von ihrem kargen Boden. Viele sind in den letzten Jahren ausgewandert, andere – nur an Erfahrungen reicher – aus Frankreich und Deutschland zurückgekommen.

Südlich von Granada, ebenfalls im Schatten der bis zu 3481 Meter hohen Sierra Nevada, findet sich eine der reizvollsten und bis vor wenigen Jahren kaum bekannte Landschaft Andalusiens: das zerklüftete Bergland der Alpujarras, in das sich viele der aus Granada vertriebenen Araber zurückgezogen und von dort aus ihren verzweifelten Aufstand gegen die wortbrüchigen christlichen Eroberer erprobt hatten. Viele Jahrhunderte später als die Araber zog sich, abgesto-

Die Universität von Sevilla

ßen von den Erlebnissen des Ersten Weltkrieges, der englische Schriftsteller Gerald Brenan in die Bergeinsamkeit «südlich von Granada» (wie denn auch eines seiner schönsten Bücher heißt) zurück. In Brenans Alpujarra-Dorf pilgerten seine Freunde aus dem Londoner Bloomsbury-Kreis mit Virginia Woolf an der Spitze. Brenan ist dageblieben, so wie früher die Zuwanderer aus Nordspanien, aus Asturien und Galicien sich in den Alpujarras ansiedelten. Galicische Namen haben manche der schönen, sich an die steilen Berghänge klebenden Dörfer: Pampaneira oder Capileira. Im höchstgelegenen Dorf Spaniens, in Trévelez in den Alpujarras, wird in guter Bergluft Spaniens bester Schinken getrocknet. Der Bürgermeister von Trévelez, im bürgerlichen Beruf ein schlauer Schinkenverkäufer, bezeichnet sich selbst als einen «Unabhängigen von der ganz linken Seite, da etwa wo die Kommunisten zu Hause sind». Der Pfarrer, der in weiten Bergwanderungen drei weitere Dörfer zu versorgen hat, tut gern und schnell seine fortschrittlichen Anschauungen kund. Sehr progressive Leute seien sie fast alle, behaupten von sich selbst diese Nachfahren von Mauren und Galiciern, die südlich von Granada nahe dem Mittelmeer und nahe den schneebedeckten Gipfel der Sierra Nevada in einer Gegend von grandioser Schönheit leben.

Viele der großen Dörfer in Andalusien haben ihre eigenen kuriosen Geschichten und Gewohnheiten. Manch tragische Bräuche gibt es da: Beispielsweise in Iznájar, im Süden der Provinz Córdoba, wo eine überaus depressive Bevölkerung von dem fatalen Hang, sich selbst umzubringen, verfolgt wird. Die Selbstmörder von Iznájar setzen ihren Freitod gewöhnlich mit einem makaberen Sinn für Theatralik in Szene. Da ist die prahlerische Angewohnheit der besseren Leute von Andújar, jeden Tag ihren Aperitif hoch zu Roß vor der Wirtshaustür einzunehmen, schon leichter erträglich. In Casares de Castellar bei Gibraltar glauben sie, ihr neues Glück dem spanischen Sozialistenchef Felipe González zu verdanken. González schlichtete einen jahrhundertelangen Rechtsstreit mit dem Herzog von Medinaceli, dem größten aller Großgrundbesitzer, zur Zufriedenheit der Leute von Casares. Das gelang allerdings González auch erst, als der Herzog sein größtes Gut La Almoraima, wahrscheinlich das größte Europas, an José María Ruiz-Mateos, den Besitzer des großen Konzerns Rumasa, verkauft hatte. Felipe González wurde kurz danach zum spanischen Ministerpräsidenten gewählt; die erste größere Aktion seiner Regierung war die – offenbar notwendige – Enteignung des Rumasa-Konzerns.

Gibraltar, die letzte Kolonie auf europäischem Boden – auch das ist Andalusien. Spanisch mit schönstem andalusischem Akzent sprechen dort viele, die sich stolz als Bürger der britischen Kronkolonie bezeichnen, und viele Andalusier gehen wieder Tag für Tag zu Fuß über die lange Jahre völlig geschlossene Landgrenze zur Arbeit auf die Spitze der schmalen Landzunge, die heute in erster Linie eine britische Militärbasis ist. Die Nachkommen der früheren Einwohner Gibraltars leben heute im nahen San Roque, einer Stadt, die nach der Vertreibung gegründet wurde. Für die Vertriebenen kamen Menschen aus vielen Ländern auf den nun britisch gewordenen Affenfelsen: die meisten wohl als Händler von den Inseln des östlichen Mittelmeers und aus Marokko, obwohl die derzeitigen Bewohner Gibraltars sich am liebsten als Nachfahren von Genovesen ausgeben. Aber das ist auch schon wieder zweieinhalb Jahrhunderte her.

Ohne je die Forderung nach einer Rückkehr Gibraltars in den spanischen Staat aufzugeben, haben die Andalusier, seit jeher übertriebenem Nationalismus wenig zugetan, in friedlichem und geselligem Nebeneinander mit den Menschen auf dem Affenfelsen gelebt. Es wird gar nicht mehr so lange dauern – so meint man heute jedenfalls in Andalusien –, bis die kleine Kolonie wieder ein Teil der Provinz Cádiz sein wird.

Flamenco und Stierkampf – wesentliche Bestandteile andalusischer Kultur

Als typisch spanisch gilt vielerorts, doch zutiefst andalusisch und nur andalusisch ist der Flamenco – jener Dreiklang aus Gesang, Gitarre und Tanz, der in seiner reinsten Ausprägung in dem Viereck zwischen Granada, Málaga, Cádiz und Sevilla zu finden ist. Flamenco als eine verinnerlichte, sehr persönliche und spontan vorgetragene Kunst ist überall in Andalusien anzutreffen, am ehesten irgendwo in den kleinen Tabernas abgelegener Dörfer oder in einem der Innenhöfe zwischen bescheidenen Wohnungen eines ärmeren Stadtviertels – manchmal auch in guten Tablados, Flamencolokalen, in denen bekannte Tänzerinnen und Sänger auftreten. Für den Zuhörer, der die traditionelle europäische Musik gewöhnt ist, ist der Flamencorhythmus zunächst nicht leicht zu erfassen, auch die Melodie wirkt fremdartig.

An das Vorherrschen der Kopfstimme und die gutturalen Laute wird man sich schnell gewöhnen. Wie beim Tanz, dem «Baile jondo» und dem «Baile chico», wird auch beim Gesang zwischen dem «Cante chico» – dem kleinen – und dem «Cante jondo» – am besten übersetzt als tiefinnerer Gesang – unterschieden. Der Zugang ist sicher leichter über den Cante chico, dazu gehören so populäre Formen wie Sevillanas, Bulerías, Alegrías, Tangos. Der Flamencotanz ist schwer, erdhaft, sinnlich und direkt. Häufiges Thema des herausfordernd dargebotenen Tanzes ist das Werben des Mannes um die Frau, gefolgt von dem Zurückweisen der Frau, sobald sie ihren anfänglichen Widerstand aufgegeben hat. Der wahre Flamencogesang: Das ist wie ein Mensch, der einsam durch eine unendlich lange Dorfstraße geht und sein Leid vor sich hinerzählt, wobei zunehmend tiefergreifende, ja erschütternde Klagelaute hörbar werden. Es ist fast immer individuelles Leid und Klage – nur selten Aufbegehren gegen eine erlittene Ungerechtigkeit.

Manchmal, am ehesten in Zeiten großer Unfreiheit, gibt der Flamencosänger seinem Lied politischen Inhalt. Es kann dann auch schon mal eine von größeren Volksgruppen geteilte Empörung und kollektiven Protest ausdrücken. Doch ist der Verrat der Geliebten etwa beim Flamenco erheblich häufiger als Thema anzutreffen als alle Ungerechtigkeiten Andalusiens und der ganzen Welt.

Über Herkunft und Geschichte des Flamenco ist wenig Zuverlässiges bekannt. Er ist eine alte Kunst, schon die Römer schätzten die Tänzerinnen aus Cádiz, vielleicht tanzten diese tatsächlich ähnlich wie die «Bailaoras», die Flamencotänzerinnen von heute. Musikalische Verwandtschaften zwischen andalusischem Gesang und arabischen Liedern lassen sich nicht übersehen, wenn auch da die Unterschiede viel größer sind, als mitteleuropäische Ohren zunächst herauszuhören vermögen. Die spanischen Zigeuner, im 15. Jahrhundert wahrscheinlich aus Asien und Ägypten eingewandert, haben sicher zur Entwicklung des Flamenco beigetragen. So viele Tänzerinnen und Sänger auch Zigeuner sein mögen, der Flamenco ist nicht die Kunst der Zigeuner. Er ist Gesang und Tanz Andalusiens, und es gibt ihn nirgendwo sonst in Spanien.

Gewiß nicht alle, doch bestimmt die meisten Stierkämpfer sind Andalusier. Sozialgeschicht-

Fortsetzung Seite 41

Zigeunerfamilie in Loja

Der Traum vom großen Torero (oben). Nach dem Töten des Stiers – der Torero grüßt den Präsidenten (unten)

Straßencorrida in einer andalusischen Kleinstadt (oben und unten)

Heilige Woche in Sevilla

Schneiderei für Prozessionsgewänder in Córdoba

«Semana Santa» – Karwoche in Sevilla (oben und unten)

Krämerladen in Campillo, nördlich von Málaga

lich betrachtet, ist die Figur des Torero ein Überbleibsel aus der Feudalzeit. Stierkämpfer entstammen gewöhnlich den ärmsten Schichten des Volkes. In der Arena sehen sie die einzige Chance, der Armut und dem Elend zu entkommen. Sie liefern ihren Körper den Hornstößen der Stiere aus – gewiß ein gefährlicher Job und ein risikoreicher Versuch des sozialen Aufstiegs. Doch die Antwort der jungen Toreros darauf ist meist der schon sprichwörtliche Satz: «Más cornadas da el hambre!» («Schmerzlichere Hornstöße versetzt einem der Hunger!») El Cordobés begann seine am Anfang mühevolle und narbenreiche Karriere mit dem pathetischen, an seine Schwester gerichteten Satz: «Entweder mache ich dich reich, oder du wirst Trauer tragen um mich.»

El Cordobés ist einer der ganz wenigen aus der großen Masse derjenigen, die aus Hunger Toreros wurden, die es geschafft haben, nach ganz oben zu kommen. Erst wenn er nach Einkommen und Vermögen die Spitze der sozialen Pyramide erreicht hat, wird der Torero von der obersten Gesellschaftsschicht als gleichwertig anerkannt, so wie in Legenden aus längst vergangenen Zeiten der König dem Dienstmann, der den Drachen tötete, seine Tochter zur Frau gab.

Stierkampf ist blutig – vielleicht auch grausam. Für viele Leute Grund genug, ihn abzulehnen. Wer den Stierkampf nicht mag, sollte es so machen wie etwa die Hälfte aller Spanier, die sich nie eine Corrida ansehen. «Aficionados», die Freunde der Corrida, und Stierkampfgegner stehen sich seit Jahrzehnten in geschlossenen Fronten gegenüber. Ihre Argumente sind immer die gleichen und nicht alle überzeugend. Für die Gegner der Corrida ist der Stierkampf in erster Linie Tierquälerei. Dabei ist es zumindest fraglich, ob der Stier in der Arena mehr leidet als beim Fließbandtod in modernen Schlachthöfen. Tierärzte, die jeder Stierkampfbegeisterung unverdächtig sind, erklären, daß das Moment des erregenden Kampfes bei einem von Haus aus sehr aggressiven Tier die Schmerzempfindlichkeit stark herabsetzt.

Stierkampf ist kein Sport und will es auch nicht sein, Chancengleichheit zwischen Mensch und Tier existiert nicht. Der Stier wird so gut wie immer tot die Arena verlassen, der Torero nur in ganz seltenen Fällen. Der Mensch setzt seine überlegene Intelligenz und seine Erfahrung der weitaus größeren Muskelkraft des Tieres entgegen. Der Stier darf keine Erfahrung haben, beim zweiten Mal ginge er nicht mehr auf die Muleta los, sondern direkt auf den Körper des Toreros. «Ein Stier lernt in zwanzig Minuten so viel wie ein Mensch in seinem ganzen Leben», sagt ein spanisches Sprichwort. Deshalb dauert jeder Kampf nur zwanzig Minuten.

Die Tauromachie stellt sich für den Uneingeweihten als eine schwierige Kunst oder Technik dar. Einige Vorkenntnisse könnten Ausländer vor kuriosen Fehleinschätzungen bewahren. In den Touristenorten an der Küste, wo es kein sachkundiges Publikum gibt, werden gewöhnlich billige und nicht sehr gefährliche Stiere eingesetzt. Eines läßt sich allerdings in fast keiner Arena bestreiten: Der Matador setzt, wenn er dem Stier allein «im Augenblick der Wahrheit» mitten in der Arena gegenübersteht, immer sein Leben aufs Spiel. Da gibt es dann keinen Bluff und keine Tricks mehr.

Literatur

Von den andalusischen Malern gehören der Sevillaner Velázquez und der Malagener Picasso zu den größten Künstlern der Welt. Die lyrische Tradition Andalusiens brach auch in unserem Jahrhundert nicht ab. In den zwanziger und dreißiger Jahren, als Spaniens Lyrik eine in Europa unvergleichliche künstlerische Höhe erreichte, waren mit wenigen Ausnahmen alle bedeutenden Lyriker Spaniens – von dem Nobelpreisträger Jiménez bis zu Aleixandre – Andalusier. Andalusien sei die Heimat der Dichter und der Analphabeten – ein Klischee gewiß, in dem aber einiges wahr ist und das kein Widerspruch in sich zu sein braucht. Tatsächlich ist die Zahl der Spanier, die nicht lesen und schreiben können, in Andalusien immer noch größer als in den übrigen Regionen Spaniens, wenn sie heute auch im Süden nur noch weniger als ein Zehntel der Bevölkerung ausmacht. Daß die Neigung zur Dichtung nicht unbedingt von der Kenntnis des Lesens und Schreibens abhängt, bestätigt sich hier. Immer wieder überrascht es Besucher, wenn sie in den Dörfern und Kleinstädten Andalusiens Analphabeten antreffen, die lange Romanzen und komplizierte Sonette auswendig wissen.

In Spanien, besonders in Andalusien, ist die lange Tradition mündlicher Literatur – Coplas, Romanzen und Volkslieder – recht lebendig geblieben und hat sich mit der Vorliebe für allerlei

Stegreifkünste verbunden. Der ständige Umgang mit Wortkunst verschiedener Art erzeugt bei vielen Andalusiern Bereitschaft, ja Lust, die Sprache als Ausdrucksmittel auch im alltäglichen Gebrauch sehr bewußt zu gestalten, ja zu stilisieren. Sicher ist die Volkspoesie nur ganz selten große Kunst, doch wird auch schwierige Dichtung – selbst wenn man sie nicht versteht – von «ungebildeten» Andalusiern mit spontaner und natürlicher Freude an der geformten Sprache aufgenommen. Die Mischung aus volkstümlichen und hochliterarischen Elementen ist für einen großen Teil der spanischen – besonders der andalusischen – Dichtung kennzeichnend. Schon bei Góngora finden sich komplizierteste Inhalte in sehr volkstümlichen Formen.

Die wohlhabende andalusische Gesellschaft unseres Jahrhunderts, die oberflächliche und dekadente Gesellschaft der Señoritos, zeigte wenig Interesse an Kunst und Dichtung. Die andalusischen Dichter Juan Ramón Jiménez, Vicente Aleixandre, Federico García Lorca, Luis Cernuda und Rafael Alberti gingen nach Madrid, Antonio Machado lebte in verschiedenen Städten Kastiliens. Doch die andalusische Thematik und Formentradition gaben sie nicht auf. Diese trotz populärer Inhalte oft esoterisch wirkende Literatur hat nichts mit Heimatdichtung im deutschen Sinne zu tun. Die gibt es natürlich in Andalusien auch, sie wurde – auf unterstem Niveau – in der Francozeit offiziell gefördert, weil ihre flachen und wirklichkeitsfremden Gemeinplätze von der unerfreulichen Realität dieser Jahre ablenkten. Die großen Dichter Andalusiens gingen nach dem Bürgerkrieg fast alle ins Exil, wenn sie nicht schon – wie Federico García Lorca – im Krieg selbst ermordet worden oder, wie der «Ehrenandalusier» Miguel Hernández, in den Kerkern der Bürgerkriegssieger umgekommen waren.

Die Lyrik Andalusiens ist, wie große Dichtung fast immer, sowohl Resultat einer literarischen Tradition wie Reflex eines bestimmten ästhetischen Moments. Zwei konstante Linien lassen sich in der andalusischen Lyrik – bei einer gewissen, doch nicht verfälschenden Vereinfachung – durch die Jahrhunderte hindurch verfolgen: eine vom Wort und von der Metapher bestimmte Dichtung und eine vor allem von der Idee und von den Inhalten her determinierte Lyrik, in der statt der Metapher das intellektuelle Spiel mit den Begriffen vorherrscht. Bedeutende Verse finden sich unter den Flamencotexten. Die Flamencolieder wurden zwar nicht – wie so gern romantisierend gesagt wird – vom Volk geschrieben, doch sicher die meisten von Autoren, die dem andalusischen Volk sehr verbunden waren. Bedeutende Dichter wie Manuel Machado, der viele Jahre lang unterschätzte Bruder Antonios, beherrschten meisterhaft die lyrische Kleinkunst der verschiedenen Formen des andalusischen Gesangs: der Soleares, Sevillanas, Alegrías, Seguiriyas. Von dem Sevillaner Manuel Machado stammt das Gedicht über die acht Provinzen Andalusiens.

Cádiz, salada claridad, Granada
agua oculta que llora.
Romana y mora, Córdoba callada
Málaga, cantaora
Almería, dorada.
Plateado, Jaén, Huelva, la orilla
de las tres carabelas
y Sevilla.

Cádiz, salzene Klarheit, Granada
verborgenes, weinendes Wasser.
Römisch und maurisch, das verschwiegene Córdoba,
Málaga, singend,
Almería, das goldene.
Silbern Jaén, Huelva, das Ufer
der drei Karavellen
und Sevilla.

Texte zur Kultur und Geschichte Andalusiens

Nach Sevilla

Nach Sevilla, nach Sevilla!
Wo die hohen Prachtgebäude
In den breiten Straßen stehn,
Aus den Fenstern reiche Leute,
Schön geputzte Frauen sehn,
Dahin sehnt mein Herz sich nicht!

Nach Sevilla, nach Sevilla!
Wo die letzten Häuser stehn,
Sich die Nachbarn freundlich grüßen,
Mädchen aus dem Fenster sehn,
Ihre Blumen zu begießen,
Ach! da sehnt mein Herz sich hin!

In Sevilla, in Sevilla
Weiß ich wohl ein reines Stübchen,
Helle Küche, stille Kammer;
In dem Hause wohnt mein Liebchen,
Und am Pförtchen glänzt ein Hammer.
Poch ich, macht die Jungfrau auf!

Clemens Brentano (1778-1842)

Abenamars unglückliche Liebe

In den Gärten Almerias
liegt der Maure Abenamar,
sein Gesicht gekehrt zum Palast
seiner Maurin Galiana.

Statt des Kissens sein Albornos,
seine Tartsche statt des Teppichs,
seine Lanze längs dem Boden –
viel ist's, daß so liegt die Lanze.

Um den Sattelknopf geworfen
hängt der Zaum. Hinangeschlungen
mit der Trense, zwischen zweien
Linden geht sein Pferd und graset.

Er betrachtet eine blühnde
Mandel. Traurig hängt die Blüte,
ist versengt vom scharfen Nordwind,
der die Blüten alle tötet.

Aus der Zeit der spanisch-maurischen Lebensgemeinschaft, nach Gottfried Herder (Volkslieder 1778/1779)

Gründung des Königlichen Handelshauses für Indien

Ferdinand und Isabella, von Gottes Gnaden König und Königin von Kastilien . . . tun allen, die diesen Unseren Brief lesen werden, kund, daß Wir hiermit befehlen, in Unserer Stadt Sevilla ein Handelshaus zu errichten, worin besondere Beamte die Handelsangelegenheiten zu bearbeiten haben werden nach Maßgabe einiger darüber erlassener Anordnungen folgenden Inhalts:

In Sevilla wird ein Handelshaus errichtet, um darin nach Bedarf alle Waren, Lebensmittel und sonstigen Artikel zu sammeln und zu lagern, die nötig sein könnten, um den Bedarf des Indienhandels oder nach Unserem Befehl etwaiger sonstiger Inseln und Gebiete zu decken, um den Export nach dort zu besorgen und die von dort hierher in Unsere Königreiche importierten Waren und sonstigen Dinge in Empfang zu nehmen, an Ort und Stelle zu verkaufen oder zum Verkauf an andere Stellen je nach Bedarf weiterzuleiten. Dieses Handelshaus ist so einzurichten, daß es folgende Aufgaben erfüllen kann:

Es muß passende Räume zur Lagerung aller oben erwähnten Dinge haben. Alles, was dort gestapelt wird, muß gut bewacht und so gelagert werden, daß es keinen Schaden nehmen kann; auch muß je nach Art der Waren das eine vom anderen getrennt gelagert werden.

Im Gebäude des Handelshauses ist ein besonderer, abgetrennter Raum vorzusehen, in dem die von Uns ernannten ständigen Beamten des Handelshauses sich täglich so lange, wie es erforderlich ist, versammeln und über alle für die gesamte Handlung notwendigen Anschaffungen beraten können. Ebenso [Räume] zur Abfertigung und Erledigung der einlaufenden Waren, zum Handeln, Verkaufen und Versenden, für geschäftliche Verhandlungen und für alle anderen Tätigkeiten, die zur Erledigung von Geschäften solcher Art gehören. . .

Auszug aus der königlichen Verordnung zur Errichtung der «Casa de la Contratacion de las Indias», einer staatlichen Behörde, die vor allem den Außenhandel nach Westindien zu lenken hatte, 1503 in Sevilla

. . . Der König empfing ihn [den Admiral] sehr ehrenvoll, erwies ihm hohe Gunst, hieß ihn sich setzen und sprach außerordentlich gütig mit ihm . . . Er zeigte große Genugtuung darüber, daß die Reise einen so guten Erfolg erzielt und daß sie vonstatten gegangen sei, zumal nach seiner Meinung laut dem Vertrag [von Alcaçovas] zwischen den Königen und ihm diese Eroberung ihm gehöre. Darauf antwortete der Admiral, er habe den Vertrag nicht gesehen, wisse auch nichts anderes als daß die Könige ihm befohlen hätten, La Mina [an der Goldküste] und Guinea nicht zu berühren, und daß Befehl ergangen sei, dies vor seiner Abreise in allen Häfen Andalusiens öffentlich auszurufen. Der König antwortete gnädig, er sei gewiß, daß man in dieser Sache keinen Dritten [als Schiedsrichter] nötig haben werde. . .

Aus dem Schiffstagebuch des CHRISTOPH KOLUMBUS (1493). Bericht an den König von Portugal nach der Rückkehr von seiner ersten Reise

Die Abenteuer des Telemach

[Adoam erzählt dem Telemach von Bätika = Andalusien und seinen Bewohnern:] . . . Die Einwohner von Bätika können nicht verstehen, daß man die Eroberer, die große Reiche unterwerfen, so sehr bewundert. Welche Torheit, sagen sie, sein Glück darin zu suchen, andere Menschen zu beherrschen, die zu regieren solche Mühe verursacht, wenn man es mit Vernunft und Gerechtigkeit tun will! Wieso kann es Freude machen, sie gegen ihren Willen zu regieren? Mehr kann doch ein Weiser nicht tun, als sich um die Regierung eines Volkes bemühen, das gern gehorcht und das die Götter ihm anvertraut haben, oder ein Volk, das ihn bittet, ihm Vater und Hirte zu sein. Aber Völker gegen ihren Willen zu regieren, heißt sich selbst unglücklich zu machen um des falschen Ehrgeizes willen, sie als Sklaven zu beherrschen. Ein Eroberer ist ein Mensch, den die Götter aus Unwillen gegen das menschliche Geschlecht in ihrem Zorn auf die Welt losgelassen haben, um Königreiche zu verwüsten, allenthalben Schrecken, Leid und Verzweiflung zu verbreiten und ebenso viele Menschen zu Sklaven machen, als es Freie gibt . . . Glücklich wer, selber keines anderen Knecht, auch nicht den törichten Ehrgeiz hat, andere sich zu Sklaven zu machen. Die großen Eroberer, die man uns als so ruhmvoll hinzustellen sucht, gleichen Flüssen, die über ihre Ufer treten: Sie sind majestätisch anzuschauen, aber sie verwüsten die fruchtbaren Ländereien, die sie eigentlich bewässern sollten . . .

FRANCOIS DE SALIGNAC DE LA MOTHE FÉNELON (1651-1715), aus «Les Aventures de Télémaque», Buch VII

Picasso

Vier Verse des Marquis von Santillana, eines spanischen Dichters des 15. Jahrhunderts, haben sich mir schon bei anderer Gelegenheit aufgedrängt, um die Erscheinung Pablo Picassos faßbar zu machen. Sie finden sich in der «Comedieta de Ponça» und sind nicht nur ihrer dichterischen Form wegen faszinierend, sondern treffen durch ihre Aussagen überraschend genau das Wesen des Malers aus Málaga:

Oyó los secretos de filosofía,	Er vernahm die Geheimnisse der Philosophie
et los fuertes pasos de naturaleza;	und den dröhnenden Gang der Schöpfung;
obtuvo el intento de la su pureza,	er entdeckte die Sehnsucht ihrer Reinheit
et profundamente vió la poesía.	und erschaute den Abgrund der Poesie.

Man möchte sagen, eigens für Picasso seien diese Verse geschrieben, wenn man sich nicht gleichzeitig auch gestehen müßte, sie seien genauso zutreffend für einen Rembrandt oder Goya. Auf die Philosophie und, was erstaunlicher ist, auf die Natur – deren «dröhnende Schritte» zählend? – haben diese außergewöhnlichen Maler gehört und entdeckten oder entdecken dabei unmittelbar die Poesie.

Die poetische Vision Picassos erfaßte mit solch gewaltigen Flammen seine Bilder – um sich durch sie malerisch zu realisieren –, daß er in ihnen die Malerei selbst versengte, vernichtete. Sie zerstörte? Sie entmenschlichte?

«Dieser Mann aus Málaga», schrieb 1913 Guillaume Apollinaire, «schlägt uns mit seiner Kunst blaue Flecken, wie eine trockene Kälte. Seine Meditationen vollzogen sich in der Stille. Er kam von weit her, von jenem brutalen Reichtum an Komposition und Dekor der spanischen Maler des siebzehnten Jahrhunderts.

Seine Unerbittlichkeit, mit der er das Schöne suchte, änderte alles in der Kunst.

Die große Revolution, die er fast allein vollzogen hat, besteht darin, von der Welt eine neue, ureigene Vorstellung geschaffen zu haben.

Ein neuer Mensch – seine neue Vorstellung ist die Welt.

Das neue Ineinanderfügen ihrer Elemente und ihrer Einzelheiten vollzieht er mit einer Gewalttätigkeit, die sich gleichzeitig anmutig zu geben weiß.

Er ist ein Neugeborener, der für seinen eigenen Gebrauch Ordnung im Universum schafft; und dies zugleich auch, um sich die Beziehungen zu seinesgleichen zu erleichtern.»

Zu seinesgleichen?

Das Schiff Pablo Picasso, das Meere von Einsamkeit und Stille durchquerte, wurde stets vom Flug und vom Geschrei der Möwen begleitet. Verschwenderisch fütterte er sie mit seinem Abfall, ohne sich dabei von seinem Kurs ablenken zu lassen. Dieser mochte launenhaft und bizarr erscheinen, folgte aber in Wirklichkeit unbeirrbar seinem eigenen Gesetz. Mit diesem Kompaß gelang es ihm, unerwartet den erstaunlichen Kontinent «Guernica» anzusteuern:

Erhabener Ausdruck jenes spanischen Zorns, von dem schon unsere Klassiker sprachen.

JOSÉ BERGAMIN, Reflexionen über die Persönlichkeit Picassos. Aus «Picasso Laureatus»

Wenn Andalusien, das nach Meinung einiger Experten zur spanischen Variante des «Mezzogiorno» geraten könnte, eine der ärmsten Regionen Spaniens geblieben ist, dann trägt nach Ansicht Trías Fargas die verfehlte Regionalpolitik des Staates während der letzten zwanzig Jahre ein Großteil Schuld. «Ich habe den Eindruck, daß das westliche Andalusien nicht arm ist, sondern daß es sich hierbei um ein Problem der Agrar-, Land- und Industriestruktur handelt. Eine wirklich vernünftige Regionalpolitik kann viel erreichen und für einen raschen Aufschwung während der nächsten zehn bis fünfzehn Jahre sorgen. Ost-Andalusien gibt dagegen sicherlich Anlaß zur Sorge. Dieser Teil ist so arm an Wasser und Naturschätzen und so ungünstig gelegen, daß selbst der Tourismus nicht viel weiterhelfen wird. Trotzdem glaube ich nicht, daß wir hier vor einem ähnlichen Problem wie Italien mit dem ‚Mezzogiorno' stehen, denn dort wohnt fast die Hälfte der Bevölkerung, während Ost-Andalusien lediglich zehn bis zwölf Prozent der Gesamteinwohnerzahl beheimatet.»

CARSTEN R. MOSER, aus «Francos Erben – Spanien auf dem Weg in die Gegenwart»

Romanze vom Monde

Luna kam herab zur Schmiede,
der Turnüre Bausch aus Narden.
Und das Kind beschaut, beschaut sie.
Und es schaut sie an das Kind.
In dem leis gerührten Winde
rühret Luna ihre Arme,
und sie zeigt voll Lust und Reinheit
ihrer Brüste hartes Zinn.
«Fliehe, Luna, Luna, Luna.
Wenn jetzt die Zigeuner kämen,
machten sie aus deinem Herzen
Halsgeschmeid und weiße Ringe.»
«Laß mich, Kindchen, laß mich tanzen.
Wenn dann die Zigeuner kommen,
finden sie dich auf dem Amboß,
deine Äuglein fest geschlossen.»
«Fliehe, Luna, Luna, Luna,
denn ich hör schon ihre Pferde.»
«Laß mich, Kind, stapf mit den Füßchen
nicht auf mein gestärktes Weiß.»

Näher rückte her der Reiter,
und er schlug der Ebne Trommel.
In der Schmiede liegt das Kind,
beide Augen fest geschlossen.

Den Olivenhain durchbrachen
– Traum und Bronze – die Zigeuner.
Ihre Häupter hoch erhoben,
und die Augen halb geschlossen.

Wie das Käuzchen klagt im Baume,
ach, wie klagt es so im Baum!
Luna zieht dahin am Himmel,
hält an ihrer Hand ein Kind.

Die Zigeuner in der Schmiede
weinen, stoßen Schreie aus.
Und der Wind bewacht, bewacht sie,
Wache hält bei ihr der Wind.

FEDERICO GARCÍA LORCA, 1899 geboren, 1936 im Bürgerkrieg von den Falangisten erschossen

Málaga – Geburtsstadt von Pablo Picasso

Als Picasso geboren wurde, war Andalusien einer der gottverlassensten Winkel Spaniens, ein Agrarland fast ohne Industrie, noch ohne Touristen, Spaniens Armenhaus. Auch heute zählt Andalusien zu den unterentwickelten Regionen des Landes, mit dem höchsten Arbeitslosenanteil und dem niedrigsten Pro-Kopf-Einkommen. Dicht hinter der Hotel- und Hochhauskulisse der Sonnenküste wohnt die Armut. Rund eine Million Andalusier haben in den letzten zehn Jahren ihr Land verlassen.

In Picassos Geburtsjahr 1881 hatte Málaga rund 100 000 Einwohner. Baumwolle und Zuckerrohr, Apfelsinen und Zitronen wurden in der weiten Ebene im Westen der Stadt angebaut. An den Berghängen wuchs der süße, schwere Wein.

Heute hat Málaga fast eine halbe Million Einwohner. Die Ebene ist mit Siedlungen und Hochhäusern betoniert. Málaga hat Textil- und Düngemittelfabriken, die größte Telefonfabrik Europas und über 50 000 Arbeitslose. «Trabajo si, OTAN no», steht an den Häuserwänden der Vorstädte: «Arbeit ja, NATO nein.»

Auch auf der Plaza de la Merced weht ein Spruchband gegen den bevorstehenden Nato-Beitritt Spaniens. Der Obelisk, mit roten Parolen besprüht, ist ein Denkmal des republikanischen, antiautoritären Málaga: 1831 putschte hier General Torrijos, ein Liberaler, gegen die absolutistische Regierung in Madrid, für eine demokratische Verfassung. Er und vierzig seiner Anhänger wurden in Málaga erschossen, die Leichen auf der Plaza de la Merced begraben.

Hier also wurde Picasso 1881 geboren, in einer Oktobernacht um 23 Uhr 15. Daß schon die Geburt eines Genies ungewöhnlich verlaufen muß, illustrieren seine Biographen mit einer Geschichte, die Picasso gern erzählte: Seine Hebamme hielt ihn für eine Totgeburt, ließ ihn auf dem Tisch liegen und kümmerte sich nur um die Mutter. So wäre das Baby erstickt, hätte nicht sein Onkel Don Salvador, Hafenarzt von Málaga, einen erfolgreichen Wiederbelebungsversuch unternommen: Er blies ihm seinen Zigarrenrauch in die Lunge – der Kleine schrie, Picasso war geboren.

Aus einem Bericht von PETER SAGER

Dort drüben rechts lag Nerja. Das Meer war so blau, daß es auf den Himmel überfärbte. Das da unten war der Fluß, der Río de la Miel. Die Küste war steil, aber ohne den Saum einer Brandung: das Meer erstarb vor Ruhe. Die Felsen und die Klippen ließen sich bis auf den sauberen Grund sehen und gaben dem Wasser tausend Farben. Die Boote mit ihren zuckerbraunen Segeln pflügten sich ihren Weg. Kleine Segler, kleine Fische, kleines Leben, Elend unter immerblauem Himmel. Entsetzliche Eintönigkeit, Wassermangel. Einzig die Geranien durchbrachen die Gleichförmigkeit und wuchsen willkürlich und wild. Auf dem Dreifuß der irdene Topf, und mit gebrochenem Rücken die Glut anfachen. Kohl, Gazpacho und immer wieder Brot. Und so einen Tag und ein Jahr und das nächste. Das Zuckerrohr schaudert in der Zugluft und pfeift. Schaut man hinauf, nach rechts, Olivenhaine und Espartogras. Staub. Weiter oben die Berge, zwischen Blau und Violett. Unten ist alles bräunlich, farbloses Grau, patiniertes Grün. Dort gegenüber ahnt man Málaga, Hauch eines vergessenen Lebens. Das Dasein stürzt herab wie Sonnenglast und stumpft ab. Arbeiten, sich schinden, auf Steinen hocken, die ohne Schatten sind, und warten, unter dem nächsten Ölbaum oder auf einer geeigneten Trockenmauer, bis das Mittagessen kommt, das gleiche wie gestern. Weder weiß sie mehr den Namen des Klumpfußes von Vera, noch er den ihren. Sie reden fast nie miteinander. Ihre Augen sind eingeschrumpft, es gibt für sie ja nichts mehr zu sehen. So leben sie in ihrer Nacht. Die Virgen de las Angustias, Schutzherrin Granadas, thront über allem in sanfter Liebe.

Max Aub, Auszug aus der Erzählung «Der Klumpfuß», die während des Spanischen Bürgerkriegs in der Nähe von Málaga spielt

Sevilla Wo ich in Andalusien auch gefahren war, über Córdoba hinunter nach Sevilla, von Sevilla hinaus nach Carmona oder über Bobadilla hinauf nach Granada – überall bewegte ich mich in einer Landschaft, die der reine Ausdruck einer vollkommen bäuerlichen Kultur ist. Hier ist der Boden mit einem solchen Schatz der Fruchtbarkeit gefüllt, daß es nur des lebenerweckenden Zauberstabes des Wassers bedarf, um mit einem geringen Aufwand an Kraft und Geist das Land in ein Paradies zu verwandeln. Der Gedanke, daß sich gerade in dieser vegetativen Mühelosigkeit das afrikanische Element in der andalusischen Landschaft manifestierte, läßt sich nicht beiseiteschieben. Es war jedenfalls nicht die brütende Glut in den engen, von Sonnentüchern überspannten Straßen Sevillas, die mich den Atem Afrikas auf dem Boden Europas zutiefst verspüren ließ. Es gab andere Sensationen als die der empfindsamen Haut, die weniger stofflich waren und dennoch den Eindruck unverwischbar hinterließen, dem zeitfremden, geschichtslosen Geiste Afrikas begegnet zu sein. Ich erinnere mich meines ersten Aufstiegs auf die Giralda, den maurischen Glockenturm der gotischen Kathedrale von Sevilla, und des Blickes auf die heiße Stadt unten. Es war gegen Abend, aber die niedrigen Hügel am Rande der großen Ebene schwammen noch immer im flimmernden Dunst der starken Hitze, ohne feste Konturen und klare Farben. Nur die Kuppeln und gleich der Giralda mit glitzernden Kacheln belegten Türme der Kirchen erhoben sich über das niedrige, ineinandergeschachtelte Gewirr der Häuser. Sie waren weiß, von heftiger Helligkeit in der Sonne, von bläulichen Schleiern umspielt im Schatten. Unter mir aber lag eine weiße, eine nichts als weiße Stadt, unter mir lag Afrika in Europa. Und wenn ich dann auch auf den stundenlangen Streifzügen durch alle Stadtviertel den leuchtenden Spuren des europäischen Geistes folgte, von der Kathedrale bis zu der in grünen, blauen und goldenen Kacheln gefaßten «Virgen de la Salvietta» des Murillo in der Casa de Pilatos, so stieß ich doch immer wieder auf dieses afrikanische Bild, das sich nicht verscheuchen ließ.

Die Alhambra Aber alle diese Eindrücke verblassen vor der Schönheit der Landschaft, aus der über der Stadt Granada der Alhambrahügel steigt. Draußen in der weiten Vega schwimmen die weißen Dörfer und Fincas wie Inseln und Schiffe in einem dunklen, grünen Meer. Der Kranz der blauen, braunen und violetten Berge, der dieses Hochtal umstellt, ist eine rauschende, nur zufällig zu einem Gebirge erstarrte Flut von irisierenden Farben und Beleuchtungen, deren Intensität nur noch von der Zauberei der Verwandlung übertroffen wird, durch welche die Landschaft von einer Ekstase des Lichts in die andere eingeht. Nur das eisige Weiß des ewigen Schnees auf der Sierra Nevada bleibt fast so ungerührt von der Werbung des goldenen Sonnenlichts wie tief unten in der Schlucht zwischen der kahlen Silla del Moro und dem von wildwucherndem Kakteengestrüpp bewachsenen Sacro Monte das schmutzige Wasser des Darro. Die Stadt ist nichts ohne die Alhambra, und die Alhambra ist nur die Schaumkrone auf der höchsten Woge, die den Islam, die Afrika nach Europa gebracht hat. Auf diesen Felsen, der die Alhambra trägt, fällt am Morgen der erste Sonnenstrahl, wenn die Stadt noch schläft, und am Abend schwebt die rote Wolke dieser Hochburg arabischer Herrschaft über der schon dunkelnden Vega und versprüht der Widerschein der sinkenden Sonne an ihren Mauern später noch als auf dem Eis des Mulhacen, droben in dreieinhalbtausend Metern auf der Sierra Nevada.

Robert Haerdter, aus «Spanisches Capriccio»

Festtag in Sevilla

Wir besuchten die Kathedrale am Morgen des Festes der Unbefleckten Empfängnis. Wir gingen frühzeitig hin und sahen, wie die noch kalte, rote Sonne die bunten Glasfenstermuster auf den Wänden abzeichnete. Das mächtige Innere war in Zwielicht getaucht. Der verzierte Chor, die kerzenumstandenen Heiligenbilder, die vielen vergoldeten, matterleuchteten Kapellen enthüllten dem Auge die zahllosen Details einer komplizierten Heiligkeit. Trotz der frühen Stunde war die Kirche belebt. Die Kirchentüren waren ständig in Bewegung, eine dunkle Menge kam und ging, kleine Glöckchen klingelten, blauer Weihrauch schwebte um die Säulen und verbreitete einen beißenden Geruch nach Winterwäldern. Wir sahen eine alte Frau knien, die dann von Kapelle zu Kapelle humpelte, völlig versunken in eine sie verzehrende Buße. Eine andere hob ihr Kind hoch, damit es die Diamanten einer Madonna küssen konnte. Wir gehörten weder dazu, noch waren wir ganz ausgeschlossen, aber wir standen dabei, als seien wir nur christliche Geister. Mir fiel eine Mitteilung auf, die an eine der Außentüren geheftet war. Sie enthielt in Englisch einige barsche Verhaltensregeln für protestantische Touristen und schloß streng: «Besucher, die diese Anordnungen nicht respektieren, werden aus dem städtischen Gotteshaus vertrieben!»

Da Festtag war, wurde der Hochaltar allmählich zum Besuch des Erzbischofs hergerichtet. Armdicke Kerzen wurden eine nach der anderen angezündet, und große, edelsteingeschmückte Sterne blitzten golden aus der Dunkelheit auf. Der prächtige Retablo flackerte im vollen, warmen, lebendigen Kerzenlicht, das über die alten Figuren der Heiligen hinglitt und sie geheimnisvoll entmaterialisierte, als seien sie Visionen, die aus Rauch heraufbeschworen wurden. Die Menge wuchs an, und man hörte Geräusche und dann Gesang von einem unsichtbaren Chor. Nun kam eine Prozession mit rotberockten Soldaten, die lange Schwerter nachschleiften, ihnen folgten aufgeblasene, zivile Würdenträger im Festtagsanzug, die Brust wie gepanzert mit Dekorationen. Alle nahmen ihren Platz vorm Altar ein, und dann warteten wir wieder.

Endlich kam mitten in einem Schwarm von Priestern mit flatternden Gewändern der Erzbischof mit rotem Hut, sehr alt, sehr langsam, gebeugt von der Last seiner Kleider und seiner Würde.

Stierkampf

Nachdem der Picador seine kurzstachelige Lanze vom Pferd herab in den Nacken des Stieres gestoßen und einen dicken Blutstrahl hervorgelockt hatte, war die Zeit für den Todesstoß gekommen, der mit geradezu antiker Schlichtheit und Würde vollzogen wurde. Der Torero stand mit der Espada in der Hand dem keuchenden Tier gegenüber, ganz dicht, Auge in Auge, lautlos. Der Stier senkte den Kopf, die Menge heulte: «Jetzt!» Langsam hob der Bursche den Degen in Augenhöhe und visierte waagerecht über die Klinge, neigte sich ein wenig vor und stieß den Degen in einem Zuge bis ans Heft in die schwarze, schwellend-geduckte Schulter des Stieres. Dieser Augenblick, der Höhepunkt des Spiels, birgt tödliche Gefahr für den Matador. Sein schutzloser Leib in Ausfallstellung über den Hörnern ist so verletzbar, daß eine einzige Bewegung des Stierkopfes ihn völlig aufschlitzen kann. Es ist der Augenblick letzter Wahrheit, wo nur Mut, Geschicklichkeit und blindes Selbstvertrauen das Leben des Fechters beschützen. Aber der Degen des jungen Mannes hatte sein Ziel gefunden, der Stier brach auf der Stelle zusammen, lag einen Augenblick auf der Seite, als ruhe er sich auf der Weide aus, drehte sich langsam auf die andere Seite und verendete.

Cante Flamenco

Der Rest des Abends gehörte dem wichtigsten und geheimnisvollsten Zweig aller andalusischen Volkskunst, dem Cante Flamenco, dem Zigeunerlied. Auf der völlig kahlen Bühne wirkten nur drei Personen mit. Zunächst erschien der Gitarrenspieler, ein neutrales, dunkel bekleidetes Wesen mit der Gitarre in der einen und einem Küchenstuhl in der anderen Hand. Er stellte seinen Stuhl ins Halbdunkel, setzte sich bequem hin, neigte den Kopf der Gitarre zu und breitete die weißen Finger über die Saiten. Nun schlug der Gitarrist ein paar Akkorde an, eigentlich nur, um seine Finger zu lockern und sich in Schwung zu bringen. Bald wurde die Musik sicherer und freier, fordernder und rhythmisch betonter. In diesem Augenblick trat der Sänger ins Rampenlicht, stand eine Weile mit geschlossenen Augen da und sang dann ein paar tiefe, kehlige Töne, als wolle er

Fortsetzung Seite 65

Kleinstadt in der Nähe von Córdoba

Landschaft bei Jaén (oben), Córdoba (unten)

Friedhof in der Provinz Córdoba (oben). Landarbeiter beim Korndreschen (unten)

Landschaftsimpressionen: bei Huelva (oben), in der Umgebung von Ronda (unten) . . .

. . . in der Nähe von Granada (oben) und bei Málaga (unten)

Kirche in der Nähe von Almería

Weiße Mauern und schmale Gassen charakterisieren die «weißen Dörfer» Andalusiens (oben, rechts oben und unten)

Gutshof bei Antequera (links unten)

Baena südlich von Córdoba

Roterdefelder am Fuß der Sierra Nevada bei Málaga

Die Burg Velez Blanco bei Lorca

In der Sierra Nevada

Höhlenwohnungen in Sandsteinformationen bei Guadix

seine Stimmuskeln probieren. Das Auditorium war totenstill, denn was nun kam, hatte man nie gehört und würde man nie wieder zu hören bekommen. Der Sänger holte plötzlich tief Luft und warf den Kopf zurück. Ein ganz hoher, barbarischer Ton erschallte, mehr ein flatternd gepreßtes, nach Sand und Wüste klingendes Klagegeheul. Nun begann der Sänger den ersten Vers seines Liedes mit zitterndem und verkrampftem Gesicht und verzerrtem Mund. Ein Klagegesang der Leidenschaft, ein tierischer Schrei, der über glühende Felswände hallte und sich in der Luft verlor, gebieterisch und schauererregend. Der Sänger blieb zunächst allein in dieser Wildnis, sich in den Schlingen seiner eigenen Worte windend, und wurde von den unsichtbaren Schlägen der Musik zu noch frenetischeren Äußerungen gepeitscht.

LAURIE LEE, aus «Eine Rose für den Winter – Wanderungen durch Andalusien»

Theorie Andalusiens
für Eduardo Saborido

Du sagst mir, ich hätte meine Wurzeln verloren
und das ist wahr;
in den Bildern, den Alpträumen meiner Verse
erscheint nie
weder der blaue Himmel, noch das Weiß der Häuser
noch dieses Schwarz
der alten Frau, die vor ihrer Haustür sitzt
in den traurigen Gassen meines Dorfes.
Du wirfst mir vor,
daß Andalusien nicht mehr spürbar wird
im Tiefinnern
meines unaufhörbaren Suchens
in den aufrichtigsten
meiner Herzschläge.
Vielleicht ist das wirklich so. Doch glaub' nicht,
daß ich seinen Schmerz nicht fühle,
wenn ich auf die verwundete Landkarte meiner Heimat
meine Hände lege wie ein Blinder,
der einen Blindenführer sucht.
Ich verwechsle nicht des Südens dichtes Aroma
mit dem falschen Parfüm,
das sie ihm überspritzten.
Nein, das ist es nicht, Bruder: wenn ich in der Nacht
an Andalusien denke,
höre ich nicht das Anreißen der Gitarrensaiten,
sehe ich keinen gekachelten Innenhof,
denn andalusische Nacht
die Wunde des Wartens, das Schweigen
– und die Klage
deiner Frau, die Augen starr zur Decke gerichtet;
die vorübergehende Vaterlosigkeit deiner Söhne;
meine ist ausweglos,
seit im grauesten Grau des Morgengrauens
die Gewehre einen Baum fällten.
Und wenn wir schon von unseren Bäumen reden:
ich kenne keinen, der nachdenklicher,
nervöser und zorniger ist
als jener Olivenbaum, der all unsere Bergrücken bedeckt.
Wie also kann man Andalusien vergessen?
Nein, das ist es nicht, Compañero.

CARLOS ALVAREZ, Gefängnis Carabanchel, April 1974

Kleine Ballade von den drei Flüssen
Für Salvador Quintero

Durch Oliven und Orangen
strömet der Guadalquivir.
Die zwei Flüsse von Granada
stürzen sich vom Schnee zum Weizen.

O Liebe,
die ging und nicht kam!

Der Guadalquivir hat Bärte
von der Farbe des Granates.
Aber Klage sind und Blut
die zwei Flüsse von Granada.

O Liebe,
in Lüften vergangen!

Einen Weg für Segelschiffe
hat Sevilla. Doch Granada –
auf den Wassern von Granada
rudern einsam nur die Seufzer.

O Liebe,
die ging und nicht kam!

Wind im Haine der Orangen,
hoher Turm, Guadalquivir.
Dauro und Genil sind Türmchen,
die schon bei den Teichen enden.

O Liebe,
in Lüften vergangen!

Wer wohl sagt, das Wasser trüge
Schreie, die wie Irrlicht zucken!

O Liebe,
die ging und nicht kam!

Nein, es trägt Orangenblüten,
trägt Oliven, Andalusien,
deinen beiden Meeren zu.

O Liebe,
in Lüften vergangen!

FEDERICO GARCÍA LORCA

Sevilla

Sevilla ist ein Turm
voll feiner Bogenschützen.

Sevilla zum Versehren.
Córdoba zum Ersterben.

Ein Ort, der langen Rhythmen
lauernd lauschet,
sie dreht und windet
wie Labyrinthe.
Wie Rebgezweig sich windet,
angezündet.

Sevilla zum Versehren!

Und unterm Himmelsbogen,
auf seiner freien Ebne,
schnellt hin die immerwährnde
Saeta seines Flusses.

Córdoba zum Ersterben!

Berauscht vom Horizonte
mischt es in seinem Weine
das Bittre Don Juans
mit Dionysius' Vollkommnem.

Sevilla zum Versehren.
Allzeit Sevilla zum Versehren!

FEDERICO GARCÍA LORCA

Morgenanbruch in Moguer

Der schwarze Stier steht auf, rein und schön,
über der kalten grünen Morgenfrühe, hoch
auf blauem Felsen.
Er brüllt von Süden nach Norden, stößt
den tiefen Zenit,
schwarzblau und noch bestirnt
von großen Sternen,
mit seinem gigantischen Nacken.

– Die unendliche Einsamkeit gerinnt,
das endlose Schweigen verstummt . . . ! –

Der Stier – bewegter Stein – steigt
in dichtbelaubte Schlucht.
Nichts bleibt als er,
der schwarz davongeht,
und es kommt, weiß und zartrot, das Licht.

JUAN RAMÓN JIMÉNEZ (1881-1958)

Romanze von der spanischen Guardia Civil

Schwarze Pferde. Schwarze Eisen.
Auf den Capas glänzen Flecken,
die von Tinte sind und Wachs.
Ihre Schädel sind aus Blei,
darum weinen sie auch nie.
Ihre Seelen sind aus Lack –
damit kommen auf der Straße
über Land sie hergeritten.
Bucklig sind sie, nächt'ge Mahre,
ordnen, wo sie auch erscheinen,
Schweigen an aus dunklem Gummi,
Ängste ganz aus feinem Sand.
Ziehn vorüber, wenn sie wollen,
und verheimlichen im Kopf
eine vage Sternenkunde
unersichtlicher Pistolen.

Stadt, o Stadt du der Zigeuner!
Fahnen an den Straßenecken.
Mond und Kürbis mit den Kirschen,
eingemacht in Honigseim.
Stadt, o Stadt du der Zigeuner!
Wer wohl deiner nicht gedächte,
der dich jemals hat gesehn?
Schmerzgetränkte, moschusvolle
Stadt mit deinen zimtnen Türmen.
Pfeile schmiedeten und Sonnen
die Zigeuner in den Schmieden,
als die Nacht sich niedersenkte,
diese Nacht, die Nacht der Nächte.
Und ein Pferd, zu Tod verwundet,
klopfte laut an alle Türen.
Ob Jerez de la Frontera
krähten Hähne, die aus Glas.
Um der Überraschung Ecke
huscht der nackte Wind herum
in der Nacht, der Silbernacht,
in der Nacht, der Nacht der Nächte.

Federico García Lorca

Tanz

Die Carmen tanzt ihren Tanz
in den Straßen von Sevilla.
Sie hat weiße Haare
und glänzende Pupillen.

Mädchen,
zieht die Vorhänge zu!

In ihrem Kopf ringelt sich
eine gelbe Schlange,
und beim Tanzen träumt sie
von Galans vergangener Tage.

Mädchen,
zieht die Vorhänge zu!

Die Straßen sind verlassen
und an ihrem Ende spürt man
andalusische Herzen
nach alten Dornen suchen.

Mädchen,
zieht die Vorhänge zu!

Federico García Lorca

An Córdoba

Oh du, erhabne Mauer – Türme ihr, daneben,
wie sehr von Anmut, Ehre, Majestät verschönt!
Oh großer Fluß, als Andalusiens Herr gekrönt,
nicht Gold, allein dein Adel kann den Sand beleben!

Oh reiche Ebnen ihr – ihr Berge so verwegen,
euch liebt der Himmel und der Tag euch golden frönt!
Oh Vaterland, an Ruhm warst stetig du gewöhnt,
die Feder glorreich – glorreich ebenso der Degen!

Wenn in der Zeiten Trümmer hier und der Ruinen,
die der Genil bereichert, Dauro netzt in Ruh',
Erinnerungen dein mir keine Nahrung waren,

so wollen meine fernen Augen nie verdienen,
die Mauern, deinen Fluß, die Türme zu erfahren,
die Berge, Ebnen: Heimat! Spaniens Blume du!

Luis de Góngora (1561-1627)

Reiseführer Andalusien – Costa del Sol

(Entnommen dem Polyglott-Reiseführer «Südspanien» 1982/83 und 1984/85.)

Land und Leute

Andalusien, einer der schönsten und interessantesten Teile Spaniens, vermag den Besucher in einer Weise zu faszinieren, wie das wenige andere Reiseziele in Europa können. In einer sehr eindrucksvollen Landschaft liegen hier Städte wie Granada, Sevilla und Córdoba, die zu den sehenswertesten der Welt gerechnet werden. Hier vollzog sich eine einmalig schöne Verschmelzung der Kulturen des Okzidents und des Orients, und jedem Fremden wird ein Besuch der Alhambra in Granada, der Kathedrale und des Alcázar in Sevilla und der ehemaligen Moschee in Córdoba unvergeßlich sein.

Den genannten Städten wird daher in diesem Reiseführer besondere Aufmerksamkeit gewidmet. Aber auch Städte wie Málaga und Ronda verdienen Beachtung.

Doch neben den Baudenkmälern der Vergangenheit locken vor allem weite, abwechslungsreiche Strände und ein überaus sonniges Klima Millionen von Urlaubern in Spaniens Süden. Selbstverständlich drückte der Touristenboom der vergangenen zwei Jahrzehnte der Küstenlandschaft seinen Stempel auf: Häßliche Baudenkmäler einer Touristenmaschinerie schossen wie Pilze aus dem Boden; kleine Gemeinden kämpften mit Problemen wie Wasserversorgung, ja, noch wichtiger, Abwasserentsorgung für ein Zigfaches an Menschen, verglichen mit der ursprünglichen Einwohnerzahl. Und bis heute konnten Baustopp und Kläranlagen nicht alle Sünden wiedergutmachen, die in touristischem Übereifer begangen wurden.

So sehr manche mediterrane Küstenabschnitte ihren natürlichen Charakter verloren haben, so gegenwärtig sind unverbildete Natur und Tradition im Hinterland. Weiße Dörfer ducken sich zwischen schroffen Bergketten, kleben wie Schwalbennester am Rande gigantischer Schluchten. In den fruchtbaren Flußebenen gedeihen Wein, Oliven und Mandeln, Zitrusfrüchte, ja sogar Zuckerrohr. Das Naturerlebnis besonderer Art bietet die amphibische Landschaft der Guadalquivirmündung, wo Abertausende von Vögeln alljährlich überwintern (Nationalpark Donaña).

Was jedoch wäre Andalusien ohne die heitere Lebensart seiner Bewohner, seine bunten Feste und Tänze? Auch der Stierkampf, dessen Charakter und Bedeutung von einem Ausländer nur schwer zu begreifen sind, gehört zu dem Bild Südspaniens, das hier nur skizzenhaft dargestellt werden kann.

Ausdehnung, Bevölkerung

Ganz Spanien ist mit 505 000 Quadratkilometern gut doppelt so groß wie die Bundesrepublik Deutschland. Südspanien nimmt davon allein etwa 120 000 Quadratkilometer ein (Andalusien ca. 90 500).

Die mediterranen und atlantischen Küstenlandschaften des südlichen Spanien bilden zudem die «Südspitze» Kontinentaleuropas (36° nördl. Breite), getrennt von Afrika, dessen Küsten an klaren Tagen deutlich erkennbar sind, durch die nur 14 Kilometer breite Straße von Gibraltar.

Von den knapp 38 Millionen Einwohnern Gesamtspaniens entfallen etwa 19 Prozent (6,5 Millionen) auf Andalusien. Das entspricht einer durchschnittlichen Bevölkerungsdichte von 74 Menschen pro Quadratkilometer für Spanien, für Andalusien von etwa 72 Einwohnern pro Quadratkilometer (Bundesrepublik Deutschland 274 E./km²). Dabei muß berücksichtigt werden, daß sich diese Zahlen aus hohen Werten in den Städten und an der Küste und sehr niedrigen im agrarischen Hinterland errechnen.

Wie in den übrigen Gebieten Spaniens bekennt sich auch im Süden der überwiegende Teil der Bevölkerung zum katholischen Glauben. Andere religiöse Minderheiten fallen kaum ins Gewicht.

Obwohl die neue spanische Verfassung die unentgeltliche Schulpflicht (8 Jahre) garantiert, ist dies in Andalusien – wie auch in anderen Landesteilen – vielerorts nicht durchgesetzt. Überall mangelt es an Schulen, und ein erheblicher Teil des Erziehungswesens, auch des elementaren Schulbereichs, liegt in privater Hand, das heißt, ist mit erheblichen Kosten für die Eltern verbunden. Um so erstaunlicher ist es, daß trotz dieser Umstände in Spanien auf 100 Einwohner 9,5 Oberschüler kommen, womit das Land auf der Weltrangliste an zweiter Stelle steht (nur übertroffen von Kanada mit 11,1; die Bundesrepublik besetzt mit 5,4 die 21. Stelle).

Klima

Das Klima Südspaniens – auch des atlantischen Teils – hat mediterranen Charakter, gekennzeichnet durch trockene, heiße Sommer und mitunter heftige Regenfälle im Spätherbst und Winter. Selbstverständlich gibt es regionale Unterschiede, und diese sind – lagebedingt – nicht unerheblich.

Die niederschlagreichsten Gebiete liegen im Westen und Norden (Cádiz, Córdoba), abhängig vom Einfluß der regenbringenden Westwinde

Klimatabelle

Lufttemperatur (°C)
Monat mittl. Max./mittl. Min.

	Alicante	Malaga	Córdoba
Januar	15,5/5,9	16,5/8,2	13,4/4,5
Februar	17,2/6,3	16,9/8,8	15,7/5,5
März	19,4/8,2	18,4/10,8	19,0/7,7
April	21,3/10,5	20,5/12,7	22,6/10,3
Mai	24,4/13,3	23,3/15,1	25,7/13,0
Juni	28,3/17,0	26,6/18,9	32,1/17,1
Juli	31,1/19,8	29,2/21,3	36,6/20,0
August	31,5/20,4	29,7/21,7	35,9/19,7
September	29,0/18,2	27,3/19,6	31,0/17,3
Oktober	24,5/14,3	23,3/15,9	24,5/12,8
November	20,3/10,4	19,7/12,0	18,6/8,5
Dezember	17,0/7,5	17,3/9,6	14,1/5,2
Jahresniederschlag	328 mm	474 mm	664 mm

Durchschnittliche Wassertemperaturen an der Küste:

Dezember-März	14-15° C
April-Juni	15-19° C
Juli-September	20-23° C (Alicante 25° C)
Oktober-November	17-20° C

in der kühleren Jahreszeit. Hingegen genießen im Schutze zahlreicher Bergketten Costa del Sol und Costa Blanca ein wesentlich trockeneres und mildes Klima. Die Bauern der Costa allerdings fürchten die unregelmäßig auftretenden Regenstürme im Herbst. Innerhalb kürzester Zeit vernichten sie Kulturland, spülen die Fluten Millionen von Kubikmetern fruchtbaren Bodens zu Tal und ins Meer.

Im Sommer lindern kühlere Meeresbrisen die hohen Mittagstemperaturen an der Küste, während das Guadalquivirbecken unter einer Hitzeglocke schmachtet. Zeitweilig verwandelt sich jedoch auch die Küste in einen Backofen – dann nämlich, wenn der heiße «Terral» aus Afrika herüberweht und selbst fern vom Strand der Sand zwischen den Zähnen knirscht.

Im Winter kommt die wärmeausgleichende Wirkung des Mittelmeers der Vegetation und den Touristen besonders zugute; bei Wassertemperaturen um 14 Grad Celsius liegen die Lufttemperaturen an der Küste mittags um 16 bis 18 Grad, im Landesinnern etwa fünf bis sechs Grad tiefer. Frost tritt nur in den höheren Lagen der Sierra Nevada auf, dem auch im Sommer schneebedeckten, höchsten Gebirgszug Spaniens.

Der andalusische Dialekt

Das Andalusische zählt zu den sogenannten Reconquistadialekten und ist im wesentlichen ein nach Süden importiertes Kastilisch. Seine Besonderheit liegt in der historisch bedingt ausgeprägten Übernahme arabischer und mozarabischer Sprachelemente, vor allem im Wortschatz. So spricht der Andalusier von *alcacil* (Artischocke), während der Kastilier *alcachofa* verwendet. Am markantesten jedoch unterscheiden sich die Dialekte in der Aussprache: *s* vor Konsonanten und am Wortende wird im Andalusischen zu einem kaum hörbaren Hauchlaut (ustedes – u^{h}tede^{h}); *z* und *s* werden vor *e* und *i* als [s] gesprochen (sog. *seseo*); *ll* verliert die *l*-Komponente; *d* verstummt in den Verbindungen *-ado* oder *-ada: Graná* (Granada).

Verfassung und Verwaltung

Nach der «Ley Orgánica del Estado» (Staatsorgangesetz) vom 10. Januar 1967 ist der spanische Staat eine Monarchie, an deren Spitze bis 1975 ein *Jefe de Estado* («Caudillo») stand.

1969 wurde Prinz Juan Carlos zum Nachfolger Francos bestimmt. Mit dem Tode Francos (1975) erhielt Prinz Juan Carlos die Königswürde und übernahm die Führung der Staatsgeschäfte. Dem jungen, modernen Monarchen wurde von Anfang an nachgesagt, er suche nach einem legalen Übergang zur Demokratie. Mit den Wahlen vom 15. Juni 1977, die einen deutlichen Bruch mit dem alten Regime erkennen ließen, wurde das erste freie Parlament konstituiert. Im Unterhaus besetzte die Anti-Franco-Opposition mehr als die Hälfte der 350 Mandate; im Oberhaus nahmen neben 41 vom Monarchen bestellten Senatoren 207 Senatoren Platz, die vom Volk gewählt worden waren. Die dringlichste Aufgabe des Parlaments lag in der Verwirklichung einer großen Verwaltungsreform. Seit 1982 ist der Sozialist Felipe González Regierungschef.

Spanien ist verwaltungsmäßig in 50 Provinzen eingeteilt (Andalusien 8), die vielfach noch zu Regionen zusammengefaßt sind. 1977/78 trat die neue Verfassung in Kraft, die unter bestimmten Voraussetzungen die (Teil-)Autonomie der verschiedenen Regionen vorsieht. Andalusien erhielt 1981 – nach Katalonien und dem Baskenland – die Autonomie. Die Wahl des regionalen Parlaments fand im Mai 1982 statt.

Geschichtlicher Überblick

Höhlenmalereien und andere prähistorische Funde weisen darauf hin, daß Südspanien schon in der Vorgeschichte einen bedeutenden Platz eingenommen hat. Wahrscheinlich nordafrikanischer Herkunft waren die Iberer, die ältesten historisch feststellbaren Bewohner der Iberischen Halbinsel.

Zwischen 1500 und 500 v. Chr. lassen sich handeltreibende Phönizier und Griechen an den Küsten nieder, werden aber schließlich von nachdrängenden Karthagern vertrieben (ab 500 v. Chr.).

Für Spanien bedeutet der Sieg der Römer über die Karthager (206 v. Chr.) den Beginn einer Epoche wirtschaftlicher und kultureller Blüte. Bergbau, Landwirtschaft und Fischfang machen die römische Provinz Baetica (Andalusien und Levante) zur führenden Wirtschaftsregion des Landes. In diesen Jahrhunderten entstehen die Latifundien, riesige landwirtschaftliche Güter mit Flächen von mehr als 500 Hektar. Bedeutende Persönlichkeiten wie die Kaiser Trajan und Hadrian, die Literaten Lukan und Quintilian und nicht zu vergessen der Philosoph Seneca kommen aus Spanien.

Ähnlich dem Römischen Reich in Italien wird die Iberische Halbinsel Anfang des 5. Jahrhunderts von Sweben, Wandalen und Alanen heimgesucht. Später sind es die bereits stark romanisierten Westgoten, die als Abgesandte Roms die spanische Verwaltung reorganisieren sollen. Schließlich gründen diese jedoch ein unabhängiges Reich und vermischen sich gegen Ende des 5. Jahrhunderts mit den Hispanoromanen zu einem einzigen Staatsvolk.

Eine erste Schwächung erfährt das Westgotenreich zu Anfang des 8. Jahrhunderts, als wirtschaftliche Schwierigkeiten, Lehensrivalitäten und Stammesfehden blutige Thronstreitigkeiten nach sich ziehen.

Im Jahre 711 dringen die Mauren – vermutlich von einigen Stammesverbänden der Hispanoromanen zur Hilfe gerufen – bei Djebel al Tarik (dem späteren Gibraltar) in Spanien ein, besiegen am Ufer des Guadalete (Cádiz) den westgotischen König Roderich und besetzen den südlichen Teil des Landes bis zur Höhe von Lissabon, Madrid, Zaragoza und Barcelona. Ein Teil des westgotischen Adels zieht sich in die nördlichen Gebiete zurück und gründet mit Unterstützung der ansässigen Bergvölker einige unbedeutende christliche Königreiche. Zwischen Arabern und Christen bildet sich ein breites, kaum besiedeltes Niemandsland.

Nach Streitigkeiten zwischen den islamischen Herrschern entsteht 756 in Córdoba ein von Damaskus unabhängiges Emirat unter Abd ar Rahman I. (ab 929 Kalifat). Ebenso eigenständige Züge zeigt die sich entwickelnde Wirtschaft und Kultur. Römische Bewässerungsanlagen werden weiter ausgebaut, das Handwerk (Keramikherstellung, Leder- und Metallverarbeitung, Seiden- und Wollweberei) nimmt einen gewaltigen Aufschwung, der Handel wird erfolgreich organisiert. Die Paläste, Moscheen, Schulen und Bibliotheken der Städte Sevilla, Córdoba, Granada, Almería und Valencia zeugen vom Reichtum dieser Epoche. Das arabische Spanien wird zum Schmelztiegel der verschiedensten Kulturen und beeinflußt das christliche Europa unter anderem in den Bereichen Medizin, Dichtung, Architektur, Astronomie, einzig ermöglicht durch das meist friedliche Zusammenleben von Christen und Arabern.

Im Laufe des 10. Jahrhunderts erstarken die christlichen Reiche im Norden und beginnen mit der Rückeroberung (*Reconquista*) des Südens, welche jedoch erst Ende des 15. Jahrhunderts abgeschlossen sein wird. Während der Reconquista verteilen die christlichen Könige riesige Flächen des eroberten Landes an den Adel. Allerdings bedingt die damit einhergehende Umstrukturierung der Landwirtschaft (ein Großteil des Ackerlandes wird fortan als Weideland genutzt, Bodenverarmung infolge Monokulturanbaus) wirtschaftliche, soziale und politische Spannungen.

Aragonien, Katalonien, die Balearen und Valencia konstituieren sich im 12. und 13. Jahrhundert zu einer bedeutenden Mittelmeermacht. Gleichzeitig entstehen hier Zentren einflußreicher bürgerlicher Kultur, ähnlich den italienischen Handelsrepubliken. Die schlechten Böden und die Merinoschafzucht als Haupterwerbszweig Kastiliens lassen andererseits diese Region lange in einer wirtschaftlichen Randposition verharren; erst einige Jahrhunderte später erreicht der Wollexport große internationale Bedeutung.

Zeitweilig vereinigen sich im 13. Jahrhundert die christlichen Königreiche, um schließlich im Jahre 1212 die Araber am Paß von Despeñaperros bei Las Navas de Tolosa zu besiegen. Der endgültige Zugang der christlichen Heere zum Süden ist damit erreicht. Kastilien führt den Kampf weiter und erobert Andalusien mit Ausnahme von Granada. Daß gerade Kastilien Andalusien zurückerobert, hat für die künftige Entwicklung dieser Region besondere Bedeutung. Die Kastilier waren ein Hirtenvolk, das sich nur in äußerst geringem Maße mit Handel und Gewerbe befaßt hatte. Diese Eigenart wurde nun ins eroberte Land getragen; die herrschende kriegerische Oberschicht zwang den Andalusiern ihre eigene soziale und wirtschaftliche Struktur auf, was maßgeblich zur Verarmung dieser Region beitragen sollte.

Die «Katholischen Könige», Isabella von Kastilien und Ferdinand von Aragón, begründen 1474 durch ihre Heirat die Einheit ihrer Reiche. Wirtschaftlich und demographisch ist Kastilien zu diesem Zeitpunkt die stärkere Macht, da einerseits die Pest, die Europa im 14. Jahrhundert heimsucht, den Ruin der anderen spanischen Reiche herbeiführt und soziale Unruhen bewirkt, andererseits die Türken den Handel im Mittelmeerraum behindern. Künftig wird Kastilien die entscheidende politische Rolle in Spanien spielen.

1492, im selben Jahr, in dem die «Katholischen Könige» Granada erobern und damit die Mauren ihren letzten Stützpunkt auf spanischem Boden verlieren, sticht Kolumbus von Palos de Moguer (Huelva) in See und entdeckt Amerika. Das durch Kastilien regierte Spanien wird die Eroberung Amerikas auf ähnliche Weise realisieren wie die Rückeroberung: militärische Besetzung von Territorien in Kriegen stark religiöser, kreuzzugähnlicher Färbung.

Noch beherrschen mittelalterliche Ideale den Südosten eines Europas, das sich auf dem Weg der Industrialisierung und der Religionsfreiheit befindet. Während andere Nationen ihren wirtschaftlichen Fortschritt und die Entwicklung moderner Produktionsmethoden mit dem Reichtum Amerikas (wertvolle Metalle) finanzieren, gerät Spanien durch den unermeßlichen Zufluß von Gold und Silber in eine wachsende Inflation mit steigenden Preisen und Kosten, die das Land schließlich vom europäischen Handel ausschließen wird. Hier werden erste Anzeichen des späteren Niedergangs deutlich.

Ein weiterer Schritt in diese Richtung dürfte die Thronfolge Kaiser Maximilians I. von Spanien, des späteren Karls V., gewesen sein. Dieser Herrscher orientiert sein politisches Handeln an mittelalterlichen Traditionen, die noch aus den Zeiten der Bekehrungskriege stammen, verstreut und ruiniert seine Kräfte: aufwendige kaiserliche Reisen und Söldnerheere müssen finanziert werden. Bei den Bankiers Fugger, Welser, Schatz und Spinola nimmt der Kaiser riesige Darlehen auf, die Zinsen steigen ins Unermeßliche, und als Karl V. im Jahre 1556 abdankt, das Imperium zwischen seinem Bruder Ferdinand und seinem Sohn Philipp II. aufteilt, erklärt er sich als politisch und materiell gescheitert.

Ein lebhaftes, satirisch gezeichnetes Bild dieses politischen Zwiespalts gibt Cervantes in seinem «Don Quijote» (1605; 1615). Don Quijote sucht mittelalterliche Lösungen in der modernen Welt: Kreuzzug, Abenteuer, Mystik in einer von Waffen beherrschten Zeit.

Obwohl Spanien im 16. Jahrhundert im europäischen Kräftespiel erhebliche Niederlagen verschmerzen muß (1588 Untergang der Armada), erleben die Handelsstädte große Zeiten. Sevilla steigt zur Wirtschaftsmetropole auf. Hier werden die Fäden nach Übersee gesponnen. Hier wird in den Konsulaten der europäischen Mächte die Kolonisation und Machtverteilung in der Neuen Welt geplant.

Das 18. Jahrhundert beginnt mit der Thronbesteigung Philipps V., dem Enkel Ludwigs XIV. von Frankreich und Nachfolger des letzten Habsburgers Karl II., der kinderlos geblieben war. Spanien, das durch eine kluge Verwaltungs- und Wirtschaftspolitik der «Katholischen Könige» in Verbindung mit einer ausgeklügelten Heiratspolitik zur ersten Weltmacht Europas aufgestiegen war und das erste und bedeutendste Kolonialreich begründet hatte, verliert nun in zunehmendem Maße politische und territoriale Macht. Es befindet sich auf dem Weg des Niedergangs.

Bedingt kann sich Spanien im 18. Jahrhundert wirtschaftlich und geistig erholen. Cádiz obliegt nun die Kolonisierung Amerikas, und die Stadt entwickelt sich durch diese Funktion zu einer der reichsten Europas. Fast sieht es so aus, als ob sich Spanien wieder in das moderne Europa eingliedern wird, von dem es sich für einige Zeit distanziert hatte.

Der Einfall Napoleons in Spanien im Jahre 1808, der zu großen wirtschaftlichen Schäden und heftigen Auseinandersetzungen zwischen traditionellen und liberalen Kräften sowie Verfechtern der neuen Idee der Französischen Revolution führte, bewirkt, daß im 19. Jahrhundert traditionelle Verhaltensmuster erhalten bleiben und im Jahre 1889 zusammen mit dem Verlust der letzten Kolonien, Kuba und den Philippinen, eine nationale Identitätskrise hervorgerufen wird.

Im Jahre 1931 (nach der siebenjährigen Militärdiktatur General Primo de Riveras) wird mit der Ausrufung einer demokratischen Republik ein neuer Versuch gestartet, in Spanien eine Mentalität zu überwinden, die den Staat am Rande der liberalen und industrialisierten Welt verharren ließ. Die Gegenreaktion der traditionellen Kreise und Zwistigkeiten in den Reihen der Befürworter der Republik resultieren schließlich in einem militärischen Aufstand, der von General Franco geleitet wird und Spanien in den Bürgerkrieg (1936-1939) führt.

In den sechziger Jahren beginnt in Spanien ein eindeutiger wirtschaftlicher Fortschritt, der die Folge einer besseren Wirtschaftspolitik, ausländischer Investitionen und des stark ansteigenden Tourismus ist. Dieser Aufschwung bereitet den Weg für die Einführung der konstitutionellen Monarchie im politischen Bereich (1975 übernimmt König Juan Carlos nach dem Tode Francos die Staatsführung), während auf wirtschaftlichem Gebiet Spanien die zehnte Stelle unter den Weltindustrienationen erreicht (Pro-Kopf-Einkommen über 3000 Dollar). Auch heute ist der Lebensstandard trotz weltweiter Wirtschaftskrisen relativ hoch. Mittelschicht und Bürgertum sind erheblich gewachsen. Ebenso steigen die Aussichten, daß Spanien die Hindernisse der letzten dreihundert Jahre überwindet und sich einen Platz unter den größten Industrienationen sichert, nicht zuletzt durch den geplanten EG-Beitritt.

Nachdem Andalusien in vieler Hinsicht jahrhundertelang ein Schattendasein geführt hat, beginnt es heute, sich wieder auf sich selbst zu besinnen. Die Dezentralisierung der Staatsgewalt (Autonomie für Andalusien 1981), eine intensive Förderung der Landwirtschaft, die Erhöhung des Volkseinkommens – so auch durch den Tourismus – sowie eine den Notwendigkeiten angepaßte Industrialisierung könnten diesem faszinierenden Landstrich wieder neuen Wohlstand bringen.

Kunst und Kultur

Architektur und Plastik

Die vor 30 000 Jahren entstandenen Höhlenmalereien der Cueva de la Pileta bei Ronda gehören zum ältesten Erbe menschlicher Siedlung in Südspanien. Aus dem 2. Jahrtausend v. Chr. stammen die aus monumentalen Steinplatten gefügten Grabkammern von La Menga bei Antequera (Malaga) und die Dolmenreihen bei Trigueras (Huelva), Zeugnisse der Megalithkultur, sowie die iberische Siedlung Los Millares bei Almería.

Von den Seefahrervölkern, die im 1. Jahrtausend v. Chr. Kolonien an den Küsten gründeten – den Tartessern, Phöniziern, Griechen und Karthagern –, haben sich wenige Spuren erhalten. Unter griechisch-orientalischem Einfluß bildete sich die erste Großplastik der einheimischen Iberer aus; das bedeutendste Zeugnis: die «Dame von Elche» im Madrider Prado.

Von den blühenden Städten der Römerzeit, als die südspanische «Provincia Baetica» fast sechs Jahrhunderte lang eine der wirtschaftlich und politisch stabilsten Regionen des Römischen Reiches war, blieben nur wenige eindrucksvolle Ruinen. Am interessantesten sind die Reste von Italica bei Sevilla, der Stadt, aus der die römischen Kaiser Hadrian und Trajan stammten, sowie die ausgedehnte Nekropole (Gräberstadt) von Carmona.

Geringfügig ist das Erbe der kurzlebigen Wandalen- und Westgotenreiche auf südspanischem Boden.

Einen Überblick über die Frühzeit des Landes geben die sehenswerten Funde im Archäologischen Museum in Córdoba.

Al-Andalus, Land der Wandalen, nannten die seit 711 die Iberische Halbinsel erobernden Araber das südliche Spanien, dem sie in der Folgezeit ihren Stempel aufdrückten. In den fünfhundert Jahren ihrer Herrschaft – in Granada, das erst 1492 von den «Katholischen Königen» erobert wurde, noch dreihundert Jahre länger – entwickelten die spanischen Mauren, wie man sie nannte, eine überlegene Kultur, auf die das christliche Abendland bewundernd blickte. Beim Anblick blendend weißer, kubisch verschachtelter Ortsbilder, überragt von lehmfarbenen Burgen (arabisch: *Alcázar* oder *Alcazaba*), fühlt man sich noch heute nach Nordafrika versetzt. Arabisches Erbe sind die von Orangenbäumen bestandenen, wasserberieselten Innenhöfe (*Patios*) südspanischer Häuser, die kühl schimmernden Fliesenbeläge (*Azulejos*), die holzgeschnitzten Kassettendecken (*Artesonados*). Ganz unvergleichlich schließlich sind die Hauptwerke der maurischen Architektur, die bis heute die Zeiten überdauert haben:

Die *Mezquita*, die Große Moschee von Córdoba, im 8. Jahrhundert gegründet, bis zum 10. Jahrhundert mehrfach erweitert, bildet ein riesiges, dämmriges Labyrinth aus 856 Säulen, verbunden durch ein System von übereinandergestellten Hufeisen- und Rundbögen. Der Reichtum verschiedener Bogenformen, Kuppelgewölbe und Ornamente spiegelt spätantike und westgotische Einflüsse.

Das Wahrzeichen von Sevilla, die *Giralda*, ist das mächtige, 1184 errichtete Minarett der einstigen Hauptmoschee, das von einem Aufsatz des 16. Jahrhunderts bekrönt wird. In der Bauweise und dem teppichartigen Backsteindekor der Wandflächen ähneln ihm die gleichzeitigen Minarette von Rabat und Marrakesch in Marokko, das damals unter den Almohaden mit Andalusien zu einem maurischen Großreich vereint war.

Die prächtigste Hinterlassenschaft der spanischen Mauren ist der märchenhafte *Alhambra-Palast* in Granada aus dem 14. Jahrhundert, die unendlich kostbare und überfeinerte Blüte einer untergehenden Kultur. In schwer überschaubarer Folge legen sich um begrünte Höfe mit feinstrahligen Springbrunnen und spiegelnden Bassins Räume von schwereloser Schönheit. Über Wandsockeln aus farbig gemusterten Azulejos und zierlichen, wie aus Elfenbein gedrechselten Marmorsäulchen sind sämtliche Flächen überzogen von einem flimmernden Teppich endlos variierter Stuckarabesken, und wabenförmige, funkelnde Kristallgebilde schweben von den Stalaktitengewölben herab.

Mit der Wiedereroberung der maurischen Gebiete durch die christlichen Spanier war deren Einfluß längst nicht erloschen. So ließ sich Peter der Grausame im eroberten Sevilla seinen Palast, der gleichzeitig mit der Alhambra im 14. Jahrhundert entstand, in maurischem Stil und von maurischen Baukünstlern errichten. Er ist das schönste Beispiel für den *Mudéjar*-Stil, wie man die von Christen erbaute, von maurischen Elementen beherrschte Architektur Spaniens bezeichnet, in die sich auch romanische und später gotische Merkmale nordeuropäischer Herkunft mischen.

Aus dem 15. Jahrhundert gibt es neben Bauten im Mudéjar-Stil auch rein gotische Bauten wie die riesige Kathedrale von Sevilla am Platz der einstigen Großen Moschee, deren Minarett dem christlichen Gotteshaus noch heute als Glockenturm dient. Ein rein spätgotischer Bau ist auch die *Capilla Real* in Granada.

In den mudéjaren Mischstil dringen im 16. Jahrhundert zunehmend Renaissanceformen italienischen Ursprungs ein. Es entsteht der eigenwillige Stil spanischer Frührenaissance, der sogenannte *Plateresken*-Stil. Charakteristisch sind kleinteilige Fassaden- und Portaldekorationen, die die Architekturformen überrieseln und verunklären. Beispiele platereskor Architektur sind das Rathaus (*Ayuntamiento*) von Sevilla von 1527 und die 1522 fertiggestellte Lonja von Granada. Die geglückteste Schöpfung dieses Zeitstils ist die Kathedrale von Granada, deren Baumeister Diego de Siloé eine originelle Synthese spätgotischer Gewölbeformen und einer im Sinne der italienischen Renaissance geklärten Raumwirkung fand. Der 1526 begonnene Palast Karls V. in Granada ist daneben in seiner kühlen Regelhaftigkeit ein Fremdkörper in seiner Umgebung. Der schmucklose, streng gegliederte und proportionierte italienische *Hochrenaissance*-Stil wird erst gegen Ende des 16. Jahrhunderts assimiliert, sichtbar an der Kathedralfassade von Jaén oder an den Stadtpalästen von Úbeda und Baeza.

Der Spätbarock des 18. Jahrhunderts schließlich bringt die alte Dekorationslust in neuer Spielart: raumhaltige, riesigen Altaraufbauten ähnelnde Fassaden wie die der Kathedrale von Murcia oder von San Telmo in Sevilla, und Innenräume mit fleischig wucherndem Stuckdekor wie in der Kapelle der Virgen de la Victoria in Málaga oder in Santa Maria la Blanca in Sevilla. Von verschwenderischem, überquellendem Reichtum sind insbesondere die Altaraufsätze, denen das Hauptaugenmerk der spanischen Barockbildhauer galt. Höhepunkt spätbarocker Innenraumdekoration ist die stuckierte Sakristei der Kartause von Granada mit ihren vom Ornament überkrusteten Pfeilerstirnen und den in vielfachen Brechungen und Windungen sich um die Wände schlingenden Profilbändern.

Malerei

Nach der Verarbeitung niederländischer und italienischer Einflüsse schälen sich zu Beginn des 16. Jahrhunderts in der Malerei von Alejo Fernandez († 1545; Kathedrale von Sevilla) spezifisch spanische Züge heraus, um seit dem Ende des 16. Jahrhunderts mit dem Valencianer Francesco Ribalta (1551-1628) und dessen Schüler Jusepe de Ribera (1591-1652) eine unverwechselbare Handschrift zu erwerben, eine Mischung von düsterer Mystik und packendem Realismus.

Im 17. Jahrhundert erreicht die spanische Malerei Weltrang mit den Meistern der Sevillaner Schule: dem ungestümen Francisco Herrera (1576-1656) und dem mönchischen Francisco Zurbarán (1598-1664), dem überragenden Genie Diego Velazquez (1599-1660) – der seine Hauptwerke als Hofmaler in Madrid schuf – und seinem Lehrer Francisco Pacheco (1564-1654), dem vielseitigen Alonso Cano (1601-1667), der als Maler, Bildhauer und Architekt wirkte, dem ekstatischen Juan de Valdés Leal (1622-1690) und schließlich mit Esteban Murillo (1618-1682), der durch seine verklärten Madonnen und liebenswürdigen Gassenbilder der volkstümlichste Maler Sevillas wurde. Außer in den Kirchen und Kathedralen sind bedeutende Werke der spanischen Malerei in den hervorragenden Gemäldegalerien von Sevilla und Cádiz versammelt.

Im Verlauf des 18. Jahrhunderts verblaßt die farbige Eigenständigkeit andalusischer Kunst und sinkt im 19. Jahrhundert ins Provinzielle und in folkloristischen Kitsch ab. Der größte Maler unseres Jahrhunderts, Pablo Picasso (1881-1973), kam aus Malaga, verließ jedoch seine Heimat früh und blieb dort ohne Wirkung.

Musik

Auch der bedeutendste spanische Komponist unseres Jahrhunderts, Manuel de Falla (1876-1946), war Andalusier. Er bezog entscheidende Elemente seiner Musik aus der bis heute lebenskräftigen Volksmusik Andalusiens.

Inbegriff dieser Volksmusik ist der *Flamenco*, der ureigenste Ausdruck der andalusischen Seele, heute leider oft zu einem Touristenspektakel heruntergekommen. Mit dem Flamenco verbindet sich für alle Welt Gesang, Gitarrenklang, Kastagnettenklappern und stampfendes Skandieren der Rhythmen mit den Absätzen, ein Tanz, statuarisch, doch voll innerem Feuer.

Flamenco oder *Cante jondo* («tiefer Gesang») ist nur der Sammelbegriff für eine Unzahl regional verschiedener Gesänge (*Seguiryas soleares*) und Tänze (*Sevillanas, Gandanga, Malagueñas, Granadinas, Seguidillas*), fremdartig und schwermütig, deren eigenartige, schleifende Tonfolgen und Tonwiederholungen ein uraltes Erbe spiegeln, von byzantinischem Kirchengesang über die orientalisch-maurische Musik bis zu den Weisen der südspanischen Zigeuner. Charakteristisch ist die mündliche Überlieferung, die Improvisation.

Durch Manuel de Falla und die durch seine Vermittlung von andalusischer Volksmusik inspirierten französischen Komponisten Ravel und Debussy gingen Volkstänze wie der Bolero, der Fandango, die Malagueña auch in die Kunstmusik ein. Eng mit der musikalischen Tradition seiner andalusischen Heimat verbunden ist auch der größte spanische Gitarrist der Gegenwart, Andrés Segovia.

Literatur

Auf eine lange Tradition blickt auch die literarische Kultur Südspaniens. Aus Córdoba stammten der römische Philosoph Seneca und der Epiker Lukan, Andalusier war der spöttische römische Epigrammdichter Martial.

Arabisch-andalusische Liebeslieder beeinflußten im Mittelalter die Entstehung der provenzalischen Troubadour-Dichtung, und hoch angesehen waren die maurischen Dichter und Philosophen im ganzen Abendland, an erster Stelle Averroës (Ibn Rushd), der dem christlichen Europa die Naturtheorien des Aristoteles vermittelte.

Im 15. und 16. Jahrhundert folgt eine längere Auseinandersetzung mit der humanistischen Dichtung Italiens, bis gegen Ende des 16. Jahrhunderts dem Vorbild eigenständige Beiträge entgegengestellt werden, in Südspanien vor allem mit dem lyrischen Werk von Fernando de Herrera (1534-1597) und seiner Schule in Sevilla. Aus Córdoba kam der formenreichste Barocklyriker Spaniens, der virtuose Luis de Góngora (1561-1627).

Das 17. Jahrhundert wird die Blütezeit der spanischen Literatur. Wie in der Malerei wird Sevilla der Brennpunkt aller schöpferischen Kräfte. Hier schreibt der größte spanische Dichter, Miguel de Cervantes (1547-1616), seinen «Don Quijote de la Mancha», eines der Hauptwerke der Weltliteratur; hier entwickelt der Dramatiker Lope de Vega (1562-1625) die spanische *Comedia*, und hier entstehen die Verwicklungskomödien seines Schülers Tirso de Molina (1583-1648), der die Gestalt des «Don Juan» erfindet.

Nach dem Niedergang im 18. und 19. Jahrhundert beginnt ein neuer Aufstieg mit dem andalusischen Lyriker Gustavo A. Bécquer (1836-1870), auf dem die lyrische Dichtung des Nobelpreisträgers Juan Ramón Jiménez (1881-1951) und von Antonio Machado (1875-1951) aufbaut. Auch in unserem Jahrhundert gehen immer wieder entscheidende Impulse von der andalusischen Volkskultur aus. Besonders das Haupt der avantgardistischen «Generation 1927», Federico García Lorca (1898-1936), wurzelte mit den Formen und Inhalten seiner Romanzen und Dramen in der Volkspoesie seiner andalusischen Heimat.

Folklore

Ein wichtiger Teil spanischen Kulturguts äußert sich auch in seiner Folklore (Feste religiöser Herkunft oder mit volkstümlichem Charakter, Volksmusik, Tänze und nicht zuletzt der Stierkampf). Vieles davon ist in Vergessenheit geraten oder stark kommerzialisiert worden (vor allem in Touristengebieten), jedoch versuchen in letzter Zeit verschiedene Organisationen zur Erhaltung beziehungsweise zum Kennenlernen alter Überlieferungen beizutragen.

Kirchliche Feste

Eine Reihe kirchlicher Festtage sind auch in Andalusien mit Prozessionen verbunden. Besondere Bedeutung hat dabei die *Semana Santa* (Karwoche) vor allem in Sevilla – dort geht sie bis auf das 16. Jahrhundert zurück –, aber auch in Granada und Málaga. Bei den Prozessionen, die während der Karwoche täglich stattfinden, werden zunächst die *Pasos* (große Figuren oder Figurengruppen, die Szenen aus der Passion Christi darstellen) auf Schultern vorbeigeführt. Viele der mitgeführten Figuren sind von bedeutendem kunsthistorischem Wert und stammen zum Teil aus dem 17. Jahrhundert (Barock). Den Pasos folgen die Mitglieder verschiedener religiöser Vereinigungen (*Cofradias*), eingehüllt in Kapuzenmänteln. Den Abschluß bilden Trompeter und Tambourinschläger.

Unter den geistlichen Spielen verdient das von Alcoy (Provinz Alicante) besondere Erwähnung. Dieses historische Spiel – *Moros y Cristianos* – erinnert im wesentlichen an die Kämpfe zwischen Mauren und Christen.

Die *Romería* ist eine besonders in Andalusien verbreitete Wallfahrt auf Pferden und Wagen, wobei die Teilnehmer meist in ihren Volkstrachten gekleidet sind.

Die *Fallas de San José* (Mitte März) sind inzwischen weltweit bekannt. Zu diesem Fest werden von den verschiedenen Stadtteilen Valencias Figuren oder Figurengruppen aus Pappmaché hergestellt, die auf bestimmte Ereignisse, politisches Geschehen usw. anspielen. Am letzten Tag dieses einwöchigen Festes werden die Figuren verbrannt und ein großes Feuerwerk veranstaltet. Erhalten bleibt nur die beste der Fallas, die später in einem Museum aufbewahrt wird.

In Verbindung meist mit dem Fest der Schutzheiligen der jeweiligen Ortschaften findet alljährlich die *Feria* statt, eine Art Jahrmarkt, verbunden mit Tanz, Stierkampf, Feuerwerk, Wettspielen und Volkstanz. Unter den bekanntesten dieser Region sind die Feria von Sevilla (Mitte/Ende April), Jerez de la Frontera (30. April, 12. September), Córdoba (25. Mai), Valencia (21. Juli), Málaga (4. August), Murcia (5. September), Jerez de la Frontera und Sevilla (27. September).

Stierkampf

Unabhängig von leidenschaftlichen Auseinandersetzungen über den Stierkampf ist der tiefere Sinn dieses einmaligen Geschehens nur zu verstehen, wenn man sich daran erinnert, daß der Stier ein mythisches Symboltier ist, das bereits im kretischen Labyrinth vorkommt und das vom griechischen Helden bekämpft und besiegt wird. Bei den alten Ägyptern wird der Stier zur Gottheit erhoben und erhält den Namen Apis. So überlebt dieser Mythos in Spanien im Kampf zwischen Mensch und Tier, Intelligenz und Kraft. Der Kampf ist etwas ursprünglich Orgiastisches, Festliches und Ekstatisches. So heißt er auf spanisch auch nicht Stierkampf, sondern «Stierfest». Berühmte spanische Maler wie Goya und der aus Málaga stammende Picasso haben den Stierkampf in ihren Werken festgehalten, dem Mut des Menschen und der Kraft des Stieres auf einer einfachen Leinwand Ausdruck verliehen.

Einige der größten Stierkampfarenen befinden sich in Córdoba, Málaga, Sevilla und Valencia.

Die *Corrida de toros* (Stierkampfveranstaltung) besteht aus sechs bis acht Kämpfen und wird durch den Einzug (*Paseo*) der drei oder vier Stierkämpfergruppen (*Cuadrilla*) eingeleitet. Zunächst reizt der *Capeador* den Stier durch das Schwingen der *Capa* (Umhang). Es folgt nun der erste Hauptteil, die *Suerte de varas*. Dabei stößt der berittene *Picador* dem angreifenden Stier eine Lanze in den Nacken, um ihn durch Blutverlust zu schwächen.

Beim zweiten Hauptteil, der *Suerte de banderillas*, geht der *Banderillero* dem Stier mit je zwei Paar *Banderillas* entgegen, mit bunten Bändern geschmückte Stäbe, die dem Stier gleichzeitig in den Nacken gestoßen werden.

Im dritten Hauptteil, der *Suerte de matar*, reizt der Matador den Stier zunächst mit der *Muleta* (Scharlachtuch). Seine Geschicklichkeit stellt der Matador unter Beweis, wenn es ihm gelingt, den Stier mit einem einzigen Degenstoß zu töten. Die Stelle, die er treffen muß, befindet sich zwischen den Schulterblättern des Stieres und ist kaum größer als eine Briefmarke.

Die Qualität des Stierkampfs beruht auf der Eleganz der Bewegungen der Stierkämpfer, deren Mut und der Treffsicherheit des Matadors, aber auch der Qualität des Stieres. War der Matador gut, erhält er ein Ohr oder beide und den Schwanz des Stieres vom Publikum als Trophäe zugesprochen. War der Stier mutig und standfest, dreht er, von Maultieren gezogen, eine Ehrenrunde in der Arena.

Kunstgewerbe

Zu diesem gehört vor allen Dingen die Keramik. Geschirr und Fliesen aus Manises (Valencia) sind inzwischen weltberühmt. Manche Techniken und Glasuren sind dabei immer noch Familiengeheimnis (z. B. Kupferglasur). Etwas weniger vollkommen, aber dafür nicht minder erwähnenswert, ist die Keramik aus der Gegend um Granada. Durch ihr Symbol, den Granatapfel, ist sie nicht zu verwechseln. Des weiteren findet sich vornehmlich in Córdoba sehr schöner Silberfiligranschmuck. Korbarbeiten, Handgeschmiedetes, Webarbeiten gehören ebenfalls zum Kunsthandwerk Andalusiens.

Eine gute Auswahl qualitativ hochwertigen Kunstgewerbes bieten die

Fortsetzung Seite 81

Blick auf Granada

Antequera

Kapelle bei Antequera

Alhambrahöhe mit Alcazaba und Alhambrapalast

Kathedrale (Mezquita) in Cordoba

Maurische Architektur in der Alhambra

Mittelhof der Casa de Pilatos in Sevilla

Artespaña-Geschäfte. Sie gehören zu einem staatlich geförderten Unternehmen zur Förderung des spanischen Kunsthandwerks (Córdoba: Posada del Potro; Granada: Corral del Carbón; Murcia: Baritono Marcos Redondo, 2; Sevilla: Rodriguez Jurado, 4; Valencia: Poeta Querol, 1).

Speisen und Getränke

Die spanische Küche ist regional sehr verschieden und äußerst abwechslungsreich. Besonders zu erwähnen sind die vielen verschiedenen Fisch-, Muschel- und Krebsarten, die je nach Region auf vielfältige Art zubereitet werden. Gekocht wird in der Regel mit Olivenöl, obwohl sich auch das Sonnenblumenöl in den letzten Jahren sehr durchgesetzt hat. Vielen Gerichten wird als Würze Knoblauch beigegeben. Essenszeiten: zu Mittag (*Almuerzo*) von 13 Uhr (vereinzelt etwas später) bis etwa 15.30 Uhr; zu Abend (*Cena*) von 20.30 bis etwa 23.00 Uhr.

Die Speisekarte

Ein spanisches Menü besteht normalerweise aus drei bis vier Gängen: Vorspeisen oder Suppe, Fisch-, Eier-, Gemüse- oder Reisgerichte, Fleisch oder Geflügel (je nach Gegend auch Wild) und Nachtisch. Auf der Speisekarte finden sich zunächst Vorspeisen, wie *Entremeses*, eine Zusammenstellung verschiedener Appetithappen, die regional variieren können. Die gängigsten Grundelemente sind *Ensaladilla* (Kartoffelsalat), *Fiambres* (Wurst- und Schinkensorten), *Marisco* (Muscheln und Krustentiere), *Queso* (Käse), *Aceitunas* (Oliven), *Anchoas* (Anschovis) etc. In der Regel können jedoch alle diese Vorspeisen als Einzelportion bestellt werden. Daneben gibt es auch warme Kleingerichte, wie die sehr schmackhaften *Gambas* (Garnelen) *con mayonesa* (mit Mayonnaise) oder *a la plancha* (auf der Herdplatte geröstet, mit etwas Öl und Zitronensaft), aber auch *al ajillo* (geschält, in Öl und Knoblauch gesotten); weiterhin gibt es *Calamares* (Tintenfisch), *Champiñones* (Champignons), *Croquetas* (Kroketten), *Riñones* (Nieren) usw.

Dann folgen die Suppen (*Sopas*, *Consomés*): *Caldo* (Brühe), *Caldo de gallina* (Hühnersuppe), *Sopa de mariscos* (Fischsuppe, meist mit Muscheln und Krebsen), *de fideos* (Nudelsuppe), *de garbanzos* (Kichererbsensuppe), *de verduras* (Suppe aus Frischgemüse), *Crema de espárragos* (Spargelcremesuppe) etc.

Unter den Eierspeisen finden sich zum Beispiel: *Huevos fritos* (Spiegeleier), *al plato* (Eier in einer feuerfesten Form gebacken), *revueltos* (Rühreier), verschiedene Arten von *Tortillas* (Eierkuchen), wie *de patatas* (mit Kartoffeln, die populärste Art von allen), *de espárragos* (mit Spargel), *de gambas* (mit Garnelen) sowie *a la francesa* (einfaches Omelett).

Fischgerichte (*Pescados*) sind beispielsweise *Anguila* (Aal), *Pescadilla* (junger Seehecht), *Atún* (Thunfisch), *Bacalao* (Stockfisch), *Gallo* (Rotzunge), *Lamprea* (Neunauge), *Lenguado* (Seezunge), *Lucio* (Hecht), *Besugo* (Barsch), *Roda-ballo* (Steinbutt), *Mero* (Riesenzackenbarsch), *Platija* (Scholle), *Merluza* (Seehecht) und *Rape* (Seeteufel). Von den Reisgerichten wird noch bei den Spezialitäten die Rede sein.

Wild (*Caza*) findet sich naturgemäß mehr im Landesinnern, so etwa *Conejo* (Kaninchen), *Corzo* (Reh), *Faisán* (Fasan), *Liebre* (Hase), *Perdigón* und *Perdíz* (Rebhuhn), *Gamo* (Damhirsch), *Jabali* (Wildschwein).

Geflügel (*Aves*): *Pollo* (Huhn), *Capón* (Kapaun), *Pato* (Ente), *Pichón* (Taube) und *Pavo* (Truthahn, besonders um die Weihnachtszeit).

Bei den Fleischspeisen (*Carnes*) findet man *Asado* (Braten), *Chuleta* (Kotelett), *Escalope* (Schnitzel), *Filete* (Filet), *Estofado* (Schmorfleisch), *Guisado* (Gulasch), *Pierna* (Keule), und im einzelnen *Carnero* (Hammelfleisch), *Cordero* (Lammfleisch), *Cerdo* (Schweinefleisch), *Ternera* (Kalbfleisch) und *Vaca* (Rindfleisch). Ferner auch *Higado* (Leber), *Lengua* (Zunge), *Riñones* (Nieren) und *Callos* (Kaldaunen).

Zu den besonderen Gemüsearten gehören zum Beispiel *Alcachofas* (Artischocken), *Pimientos* (Paprikaschoten), *Berenjenas* (Auberginen) und die üblichen Gemüsearten, wie *Col* beziehungsweise *Repollo* (Kohl), *Coliflor* (Blumenkohl), *Espináncas* (Spinat), *Guisantes* (Erbsen), *Judías* (Bohnen) und *Zanahorias* (Möhren). Normalerweise gilt Gemüse nicht als Beilage, sondern wird als eigenes Gericht zubereitet, wie *Alcachofas salteadas con jamón* (Artischocken gekocht und dann in der Pfanne mit Schinkenstückchen angebraten) oder *Judías con tomate* (grüne Bohnen mit Tomatensauce).

Kartoffeln (*Patatas*) werden recht unterschiedlich zubereitet: *Patatas fritas* (Pommes frites), *salteadas* (ähnlich den Bratkartoffeln), *asadas* (Kartoffeln mit Schale im Ofen gebacken), *Puré de patatas* (Kartoffelbrei).

Salate (*Ensaladas*): *Lechuga* (Kopfsalat), *con tomate* (mit Tomaten), *pepinos* (Gurken), *de escarola* (Endivien).

Als Nachtisch (*Postres*) finden sich unter anderem *Flan* (Pudding), *Helado* (Eis), *Dulces* (Süßspeisen), *Queso* (Käse) und *Frutas* (Obst).

Die erwähnten Gerichte bilden die Grundlage eines normalen Restaurants. In von Touristen stark besuchten Gegenden hat man sich häufig auch an die «internationale» Küche angepaßt; sucht man jedoch Spezialitäten der Region, befragt man am besten Ortsansässige; mitunter hilft selbst ein Polizist bei solchen «Problemen».

Spezialitäten aus Südspanien

Die Küche dieses Teils von Spanien wird stark durch ihre Eigenprodukte bestimmt, aber auch arabischer Einfluß macht sich hauptsächlich bei Backwerk und Süßigkeiten bemerkbar. Im Norden Andalusiens wird die Küche durch die Mancha und Kastilien beeinflußt. Die andalusische Küste, insbesondere die Gegend von Cádiz, ist bekannt für die in Öl gebackenen Fischchen (*Pescaditos fritos*), wie *Sardinitas*, *Lisa*, *Acedías*, *Salmonete*, *Chanquetes*, *Boquerones*, *Chopitos* (letztere drei Arten besonders in der Gegend von Málaga zu finden). Aber auch Muscheln wie *Mejillones* (Miesmuscheln) werden in den Bars und Speiselokalen der Hafenstädte serviert (häufig *al vapor* – gedämpft – oder in Sauce). Krebsarten wie *Gambas*, *Cigallas*, *Langostinos* gehören ebenfalls zu den Delikatessen der Region.

Weltweit bekannt ist inzwischen die *Paella*, die ihren Ursprung in der Gegend von Valencia hat. In früherer Zeit war sie ein typisch bäuerliches Gericht, das damals in der Hauptsache aus gelbgefärbtem Reis, Huhn, manchmal auch Schnecken und Aal bestand. Später entwickelte sich daraus eine Fülle der verschiedensten Reisgerichte, wie zum Beispiel *Paella a la marinera* (mit Fisch, Muscheln und Krebsen), *arroz a la banda* (mit verschiedenen Fischsorten), *arroz con garbanzos* (mit Kichererbsen) und viele andere. Die eigentliche Paella wird in einer flachen Pfanne, der *Paellera*, zubereitet und serviert.

Aus Andalusien stammt das *Gazpacho* (auch dieses existiert in vielen Variationen), eine Kaltschale, die in der Regel aus pürierten Tomaten, Gurken, Paprikaschoten, etwas Essig und Öl besteht. Unter den bekannten Fleischgerichten finden sich *Rabo de toro a la jerezana* (Ochsenschwanz auf Jerezaner Art), *Ternera a la Sevillana* (Kalbsbraten auf Sevillaner Art), *Cocido* (Eintopf aus Fleisch, Kichererbsen, Kartoffeln und anderen Gemüsen; in der Zusammensetzung unterschiedlich), *Cordero a la murciana* (Lammbraten nach Art von Murcia).

Suquet, ein Fischeintopf, ähnlich der französischen Bouillabaisse, stammt aus der Levante.

Königin unter den Süßigkeiten ist der *Turrón*, dessen Wiege in der Gegend von Alicante steht (eine delikate Mischung aus Mandeln, Honig, Zucker und Eiweiß) und von dem es heute die verschiedensten Varianten gibt. Aber auch *Piononos de Sta. Fé* (Biskuitküchlein), *Tortada de naranja* (Orangenküchlein), *Mantecados* (Schmalzgebäck) und *Mostachones* (Mandelküchlein) gehören zum bekannten Backwerk dieser Region.

Erwähnt sei noch, daß in den Bars zu den Getränken *Tapas* serviert werden, delikate Beilagen wie Fischchen, Oliven, Nüsse, Kartoffelchips usw.

Getränke

Statt Leitungswasser sollte besser Mineralwasser getrunken werden (*Agua mineral, con/sin gaz* – mit/ohne Kohlensäure), das von sehr guter Qualität ist.

Bier (*Cerveza*) gibt es in unterschiedlicher Qualität. Auch ausländische Marken sind vor allem in bekannten Küstenorten zu bekommen. An erster Stelle unter den Getränken (*Bebidas*) steht jedoch der Wein (*Vino*). Es gibt ihn rot (*tinto*), weiß (*blanco*) oder rosé (*rosado*), herb (*seco*) oder süß (*dulce*), alt (*añejo*), leicht (*ligero*), offen (*de la cuba*) oder in Flaschen (*en bottellas*).

Die bekanntesten Tischweine stammen aus der Rioja, aus Valdepeñas, Tarragona und Alicante. Außerdem haben die meisten Gegenden ihren eigenen Landwein, der kaum in den Handel geht. Man fragt dabei nach *Vino de la tierra* (Weine aus der Gegend). Dessertweine: Málaga, Moscatel.

Weltweit bekannt ist der Sherry (*Jerez*). Ebenso gerne wird *Manzanilla* als Aperitiv getrunken. Bekannte Weinbrandsorten: «Carlos I», «Felipe II», «Fundador», «Cardenal Mendoza», «Magno», und «Soberano».

Alkoholfreie Getränke sind zum Beispiel: *Horchata* (aus Erdmandeln hergestellt), *Jugo de naranja* (Orangensaft), *Jugo de limón* (Zitronensaft), *Leche de almendras* (Mandelmilch).

Tips für Ferien in Andalusien

Sport

Baden – Wassersport: Die mehrere hundert Kilometer lange Küste (Mittelmeer und Atlantik) ermöglicht die Ausübung aller Arten des Wassersports im idealen Rahmen.

Wer nur reine Badeferien machen möchte, kann zwischen den ruhigeren und weniger bekannten Badestränden der Atlantikküste wie Los Caños de la Meca (Cádiz), Cabo Roche (Cádiz), La Barrosa (Chiclana), Sanlúcar de Barrameda, Puntilla und Valdelagrana (Puerto de Santa Maria), Matalascañas und Mazagón (Huelva) wählen. Diese Strände werden während der Sommersaison täglich gesäubert. Wesentlich stärker besucht sind die Strände an der Mittelmeerküste wie beispielsweise jene, die zwischen Málaga, Torremolinos, Benalmádena, Fuengirola und Marbella liegen.

Das mildere und ruhigere Wasser des Mittelmeers gewährleistet die besten Möglichkeiten für Ruder- und Motorboote, für Wasserski und Fischen. Was den Unterwasserfischfang anbelangt, so bieten sich besonders an den von Felsen abgeschirmten Meeresufern der Provinzen Almería und Granada gute Möglichkeiten zum Fang von Muränen (Vorsicht, ihr Biß ist giftig), Steinbutt, Goldbrassen und Heilbutt. Ausländer benötigen einen spanischen Angelschein, der vom «Servicio de Pesca Continental, Caza y Parques Nacionales» ausgestellt wird.

Golf: Golfplätze gibt es in der Provinz Málaga, alle an der Küste (Málaga, Torremolinos, Fuengirola, Marbella), Algeciras und Sotogrande de Guadiro (Cádiz).

Pferderennbahnen gibt es in El Saler (auch für Polospiele), Sanlúcar de Barrameda und Puerto de Santa María sowie Club de Polo in Jerez.

Wintersport: Die Sierra Nevada (Granada) bietet zwei Seilbahnen, vier Sessellifte und drei Skilifte. Die Skipisten sind das ganze Jahr über geöffnet und befahrbar. Hier besteht die Möglichkeit, morgens Ski zu laufen und abends hundert Kilometer weiter an der Costa del Sol zu baden.

Heilbäder

Weniger bekannt ist, daß es in Spanien auch viele und gute Heilbäder gibt. In der Provinz Málaga befindet sich eines für rheumatische Erkrankungen in Carrataca, für Atemwege in Tolox. Weitere gibt es in Graena, Zújar, Lanjarón und Alhama de Granada (Provinz Granada).

Besondere kulturelle Ereignisse

Abgesehen von den bereits im Kapitel Kunst und Kultur erwähnten Festen, soll hier noch auf einige besondere Veranstaltungen hingewiesen werden:

Spanien-Festspiele in Málaga (2. Augusthälfte): Internationale Theateraufführungen, Musik- und Tanzdarbietungen. Tropfsteinhöhle von Nerja (1. Augusthälfte): volkstümliche Tanzveranstaltungen, Konzerte, Feuerwerk usw. Internationales Filmregisseur-Festival in Benalmádena/Torremolinos (November).

«Porra Flamenca» in Archidona (1. Augusthälfte): Darbietungen typisch andalusischer Gesänge.

Weinfest («Feria de la Vendimia») im September in Jerez und Montilla-Moriles. Gastronomisches Festival «Fiesta del Ajo Blanco» in Almacher (2. Augusthälfte). Patronatsfest in Nerja (9.-12. Okt.): Konzerte, volkstümliche Tanzveranstaltungen, Wettbewerbe usw.

Die hier genannten kulturellen Ereignisse bilden nur einen Auszug aus dem Veranstaltungsprogramm Andalusiens. Weitere Informationen erhält man in den staatlichen Fremdenverkehrsbüros sowie beim «Tourist Promotion Board», Placio de Congresos, Postfach 298, Torremolinos (Málaga).

Reisewege

Mit dem Flugzeug

Folgende südspanische Flughäfen werden im Flugverkehr von der Bundesrepublik Deutschland, der Schweiz und Österreich aus mehrmals wöchentlich angeflogen: Alicante, Almería, Granada, Málaga, Sevilla und Valencia.

Im innerspanischen Flugverkehr bestehen teils mehrmals täglich Verbindungen von Barcelona und Madrid zu den oben genannten Städten, ferner nach Córdoba und Murcia. Genaue Auskünfte über Flugpläne und die verschiedenen Linien- und Charterflugtarife (u.a. Excursions-Tarif, Bungalow-Tarif) geben die Reisebüros.

Mit der Bahn

Von der Bundesrepublik Deutschland, von Österreich und der Schweiz aus gibt es über Paris-Madrid oder Genf-Barcelona mehrere Umsteigeverbindungen nach Südspanien.

Bei einer Reisezeit von 32 bis 48 Stunden bietet es sich an, auf einzelnen Streckenabschnitten von den Nachtzügen mit Schlaf- und Liegewagen Gebrauch zu machen (z.B. Paris-Madrid, Genf-Barcelona, Barcelona-Sevilla). Die meisten Expreßzüge (z.B. TER, TALGO, RAPIDO) sind mit Umspurungseinrichtungen ausgestattet, so daß das Umsteigen an der spanisch-französischen Grenze entfällt (Spurbreite in Spanien 1,68 m gegenüber 1,44 m im übrigen Europa).

Fahrtausweise nach Spanien gelten zwei Monate bei beliebig häufiger Fahrtunterbrechung. Für internationale Züge sollte man die Plätze unbedingt rechtzeitig vorbestellen. In Spanien sind alle Fernreisezüge platzkarten- und teilweise auch zuschlagspflichtig. Zu beachten ist außerdem, daß die Fahrkarte beim Grenzübertritt oder bei Fahrtunterbrechung (auch bei Zugwechsel) vor Fahrtantritt am Bahnhof abgestempelt werden muß.

Die Spanischen Eisenbahnen bieten Ermäßigungen für Jugendliche (Interrail-Paß) und Personen über 65 Jahren (mit deutschem Seniorenpaß 30%) sowie in Form von Reisegutscheinheften (15%). Zusätzlichen Preisnachlaß (25%) gibt es für Bahnreisen an den sogenannten «Dias Azules» (blauen Tagen).

Nähere Auskünfte und Broschüren sind erhältlich bei den Auslandsschaltern der Deutschen Bundesbahn, bei Reisebüros oder der Vertretung der Spanischen Eisenbahnen (R.E.N.F.E.), Gereonstraße 25-29, 5000 Köln.

Im Küstenverkehr verbindet eine Bahnlinie (RENFE) die Orte Málaga, Torremolinos, Arroyo de la Miel, Los Boliches, Fuengirola; zwischen 7 und 23 Uhr verkehren die Züge alle 30 Minuten.

Mit dem Bus

Der Europabus bedient regelmäßig Barcelona. Die Linien verkehren von Dortmund und Frankfurt täglich, von München dreimal wöchentlich. In Barcelona hat man unmittelbaren Anschluß nach Valencia, Alicante, Murcia und nach Málaga (via Guadix und Granada). Ab Hamburg, Hannover und Köln gibt es zweimal wöchentlich eine Busverbindung über Belgien und Frankreich nach Madrid, mit direktem Anschluß nach Córdoba und Sevilla.

Auskünfte und Reservierungen bei der Deutschen Touring GmbH, Am Römerhof 17, 6000 Frankfurt/Main 90, und ihren Vertretungen.

Regelmäßig verkehren Linienbusse zwischen den Küstenorten und den Städten im Hinterland, abgesehen von den Pendeldiensten zu den großen Stränden. Allgemein sind die Busse etwa zwanzig Prozent billiger als die Bahn.

Mit dem Auto

Die Anfahrt nach Südspanien wird durch die Mittelmeer-Autobahn bis Valencia wesentlich erleichtert (Autobahngebühr 5 Pesetas pro km). Dennoch nimmt die Reise mindestens zwei bis drei Tage in Anspruch, so daß sich selbst begeisterte Autofahrer die Benutzung eines Autoreisezuges überlegen sollten. Die Züge verkehren im Sommer fast täglich, zum einen bis nach Narbonne (Südfrankreich), zum anderen über Paris nach Madrid mit Anschluß nach Algeciras, Alicante, Almería, Cádiz, Cartagena (nur im Sommer), Málaga, Sevilla und Valencia.

Mit dem Schiff

Mit den bequemen Autoreise-Schiffen der DFDS-SEAWAYS kann man einmal wöchentlich von Genua nach Motril fahren (Fahrzeit ca. 46 Std.).

Praktische Hinweise

Ärztliche Versorgung

Mitglieder einer gesetzlichen Krankenkasse sollten sich vor der Reise bei ihrer Krankenkasse einen Anspruchsausweis «SP 11» besorgen. Für diesen Ausweis erhält man bei der zuständigen spanischen Krankenkasse ein Gutscheinheft, das für ärztliche Behandlung, Arzneien und Krankenhausaufenthalt gilt. Diese Gutscheine werden nur von Ärzten der Pflichtkrankenversicherung angenommen. Der Abschluß einer privaten Auslandskrankenversicherung ist deshalb zu empfehlen.

Autofahrer

benötigen den nationalen Führerschein, die nationale Zulassung, am Fahrzeug das Nationalitätszeichen (D, A, CH), ferner die Grüne Versicherungskarte. Ohne diese müssen Kraftfahrer an der Grenze eine Versicherung abschließen. Empfehlenswert ist auch eine kurzfristige Vollkaskoversicherung.

Die spanischen Verkehrsregeln und -zeichen stimmen zum weitaus größten Teil mit denen in der Bundesrepublik Deutschland überein. In der Regel gilt «rechts vor links» (auch im Kreisverkehr).

Es besteht Gurtanschnallpflicht außerhalb geschlossener Ortschaften. Die zulässige Höchstgeschwindigkeit beträgt in Ortschaften 60 km/h, auf zwei- beziehungsweise dreispurigen Landstraßen 90 beziehungsweise 100 km/h, auf Autobahnen 120 km/h. Die Geschwindigkeit für Wohnmobile ist auf 80 km/h begrenzt. In Ortschaften darf nachts nur mit Standlicht gefahren werden.

Benzin gibt es in drei Qualitätsstufen: Extra mit 98 Oktan, Super mit 96 Oktan und Normal mit 90 Oktan (nicht besonders empfehlenswert).

Straßenhilfsdienst leistet der RACE («Real Automóvil Club de España»), die «Policía Municipal» (innerorts) oder die «Guardia Civil de Tráfico» (außerorts).

Camping

Eine internationale Camping-Lizenz ist nicht mehr erforderlich. Das Zelt muß bei freiem Zelten mindestens einen Kilometer von Städten, 50 Meter von Hauptstraßen und 150 Meter von Wasserentnahmestellen der Bevölkerung entfernt sein und darf nicht bei Denkmälern oder in trockenen Flußbetten (Gefahr bei plötzlichem Starkregen!) aufgeschlagen werden.

Devisen

Landeswährung darf bei der Einreise bis zum Gesamtbetrag von 150 000 Pesetas, bei der Ausreise in Höhe von 20 000 Pesetas mitgeführt werden.

Fremdwährung unterliegt keiner Einfuhrbeschränkung und kann bis zum Gegenwert von 80 000 Pesetas ohne Einfuhrdeklaration ausgeführt werden.

Diplomatische Vertretungen

Spanische Botschaften: Schloßstraße 4, D-5300 Bonn; Argentinierstraße 43, A-1040 Wien; Brunnadernstraße 43, CH-3006 Bern.

Deutsche Konsulate: Granada, Carretera Sierra Nevada 38; Huelva, Avenida Italia 41; Málaga, Paseo del Limonar 26; Sevilla, Avenida Ramon de Carranza 22; Valencia 10, Avenida Primado Reig 70.

Geld

Spanische Währungseinheit ist die Peseta (Pta.). Sie wird in 100 Céntimos (Cts.) unterteilt. Im Umlauf sind Banknoten zu 5000, 1000, 500, 100 Ptas. sowie Münzen zu 100, 50, 25, 5 und 1 Pta.

Grenzpapiere

Deutsche, Österreicher und Schweizer benötigen für eine Urlaubsreise nach Spanien lediglich einen gültigen Personalausweis. Für einen Aufenthalt von länger als drei Monaten sind der Reisepaß und eine Aufenthaltserlaubnis erforderlich. Kinder unter 16 Jahren müssen einen Kinderausweis besitzen oder im Elternpaß eingetragen sein.

Für Hunde ist ein vom Amtstierarzt beglaubigtes Gesundheits- und Tollwutimpfzeugnis (nicht jünger als 1 und älter als 12 Monate) vorzulegen.

Informationen

Auskünfte und Prospekte erhält man bei den Reisebüros, Automobil- und Touringclubs sowie bei den Staatlichen Spanischen Fremdenverkehrsämtern: 4000 Düsseldorf, Graf-Adolf-Straße 81; 6000 Frankfurt/M., Bethmannstraße 50-54; 2000 Hamburg 1, Ferdinandstraße 64-68; 8000 München 2, Oberanger 6; 1010 Wien, Rotenturmstraße 27; 1207 Genève, 67, rue du Rhone; 8008 Zürich, Seefeldstraße 19.

In allen größeren Orten Spaniens erteilen die örtlichen Reise- und Verkehrsbüros («Oficinas de Información»; CIT – «Centros de Iniciativas de Turismo») Auskunft über Sehenswürdigkeiten, Rundfahrten und Unterkunftsmöglichkeiten.

Jugendherbergen

Viele spanische Jugendherbergen sind nur in den Sommerferien (1. Juli bis 31. August) geöffnet. Häufig ist die Aufnahme auf Mädchen oder Jungen beschränkt. Gäste (auch motorisierte) bis zu 25 Jahren werden bevorzugt (Mindestalter 13 Jahre). Die Übernachtungsgebühr beträgt 250 Pesetas.

Auskünfte erteilt das «Red Española de Albergues Juveniles», Ortega y Gasset 71, Madrid 6, oder der Hauptverband für Jugendwandern und Jugendherbergen, Bülowstraße 26, 4930 Detmold.

Leihwagen

Neben den internationalen Autovermietungen bieten lokale Unternehmen Fahrzeuge an. In jedem Fall sollte man sich erkundigen, ob der Wagen gegen selbstverursachte Schäden beziehungsweise Drittschäden Unbekannter versichert ist.

Netzspannung

220 Volt Wechselstrom, mitunter noch 120 bis 125 Volt Wechselstrom. Die meisten Hotels haben sich mit den Steckdosen auf deutsche Normstecker eingestellt.

Öffnungszeiten

Banken und offizielle Dienststellen sind für den Publikumsverkehr werktags von 9 bis 14 Uhr geöffnet, an Samstagen nur bis 13 Uhr.

Geschäfte: Die Ladenschlußzeiten sind uneinheitlich. Gewöhnlich sind Geschäfte von 9 bis 13 Uhr und von 16 bis 20 Uhr geöffnet.

Postämter (*Correos*): Sie sind im allgemeinen werktags von 9 bis 14 und 16 bis 18 Uhr geöffnet.

Museen: uneinheitliche Öffnungszeiten.

Postgebühren/Postwertzeichen

Das Porto für Briefe bis 20 Gramm und «Superkarten» beträgt derzeit 38 Pesetas, für Post- und Ansichtskarten 26 Pesetas. Innerhalb Europas wird die Post ohne Zuschlag per Luftpost befördert.

Briefmarken bekommt man in den Postämtern, in Tabakläden (*Estancos*) oder direkt beim Kauf von Ansichtskarten. Postlagernd heißt «Lista de Correos».

Postsparer

Gegen Vorlage des Ausweises oder Passes kann der Sparbuchinhaber bis zu 2000 DM innerhalb von 30 Tagen abheben. Das Geld wird in spanischer Währung zu einem günstigen Kurs (ohne Abzug von Spesen und Gebühren) ausbezahlt.

Sommerzeit
Die Sommerzeit, MEZ plus eine Stunde, gilt von Ende März bis Ende September.
Telefonieren
Das Telefonamt ist normalerweise vom eigentlichen Postamt getrennt. Mit Münzen zu 25 und 50 Pesetas sind internationale Gespräche von den öffentlichen Telefonzellen (international) möglich.

Vorwahl Bundesrepublik: 07-49; Österreich 07-43; Schweiz 07-41.

Zuerst 07 wählen – Freizeichen abwarten – danach die weiteren Nummern für das entsprechende Heimatland, die Ortsvorwahl (ohne Null) und den Teilnehmeranschluß. Das Ende des Gesprächs wird durch einen Pfeifton angekündigt.
Trinkgeld
Selbst bei Inklusivpreisen ist es üblich, Kellnern und Taxifahrern ein Trinkgeld (ca. 10%) zu geben. Eine kleine Entschädigung für ihre Dienste erwarten auch Platzanweiser in Kinos, Theatern und Stierkampfarenen sowie Aufseher bei Sehenswürdigkeiten (5 Ptas).
Zollbestimmungen
Alle Gegenstände des persönlichen Bedarfs (auch Boote mit und ohne Motor) dürfen zollfrei eingeführt werden. Erlaubt ist die Ausfuhr von Andenken und Geschenken bis zum Gesamtwert von 25000 Pesetas. In die Bundesrepublik dürfen jedoch nur Geschenke etc. im Wert bis zu 115 DM zollfrei eingeführt werden; außerdem zwei Liter Wein (oder Schaumwein), ein Liter Spirituosen, 200 Zigaretten oder 250 Gramm Tabak.

Städtische Zentren

Córdoba

(122 m ü. d. M.; 285000 Einw.), das in Andalusien an Größe und Bedeutung nur von Sevilla übertroffen wird, ist eine der faszinierendsten Städte des ganzen Landes. Kaum irgendwo sonst findet man eine solche Fülle malerischer Motive: reizvolle kleine Plätze, gewundene enge Gassen mit weißgekalkten Häusern, in deren schöne Patios man von der Straße hineinsieht, einen breiten Fluß, den Guadalquivir, mit einer mächtigen Brücke, und – nicht zuletzt – höchst eindrucksvolle Zeugnisse der großen maurischen Vergangenheit Córdobas, vor allem die weltberühmte ehemalige Moschee.

Geschichte
Die Gründung der Stadt, in frühesten Überlieferungen «Turdula» genannt, dürfte im 7. oder 8. Jahrhundert v. Chr. erfolgt sein. 152 v. Chr. wurde sie Hauptstadt der römischen Provinz Hispania Ulterior, die in der Kaiserzeit in Baetica umbenannt wurde und in etwa die Ausdehnung des heutigen Andalusien hatte. Unter Wandalen und Westgoten verlor die Stadt an Bedeutung, wurde jedoch Sitz eines Bischofs.

Nach der Eroberung Spaniens durch die Mauren (711) begann eine neue Glanzzeit für Córdoba. Zunächst war es Hauptstadt eines von den Omaijadenkalifen in Damaskus abhängigen Emirats. 756 begründete hier der aus Damaskus vertriebene letzte Omaijade, Abd ar Rahman I., ein unabhängiges Emirat, das 929 von Abd ar Rahman III. zum Kalifat erhoben wurde. Das Ende des Kalifats von Córdoba (1031) besiegelte das Schicksal der Stadt, die unter die Herrschaft Sevillas, der Almoraviden und der Almohaden kam.

Nach mehrfacher Belagerung durch christliche Heere wurde Córdoba 1236 endgültig durch König Ferdinand III. den Heiligen zurückerobert und teilte seitdem das Schicksal Kastiliens. Mehrere kastilische Könige, so Alfons XI., Peter I. und die «Katholischen Könige», bevorzugten es als Residenz.

Seine einzige Glanzzeit aber blieb das Jahrhundert, in dem es Hauptstadt des Kalifats war: damals zählte es nicht weniger als 800000 Einwohner und 300 Moscheen.

Heute ist Córdoba eine freundliche Provinzstadt mit breiten Alleen und großzügigen Bauten. Das Viertel um die ehemalige Moschee jedoch hat sich weitgehend seinen altertümlichen Charakter bewahrt.

Sehenswürdigkeiten
(Die in eckige Klammern gesetzten Zahlen decken sich mit den auf dem Stadtplan eingezeichneten.)

Wer nur einen halben oder ganzen Tag für Córdoba erübrigen kann, sollte sich auf die wichtigsten Sehenswürdigkeiten beschränken, die alle in der Nähe des Guadalquivir liegen und die wir im folgenden zuerst beschreiben.

Mittelpunkt der Stadt ist die
Plaza de José Antonio [1] mit einem Reiterdenkmal des Feldherrn Gonzalo Fernández de Córdoba (1453-1515), «El Gran Capitán».

An der Südwestecke des Platzes wenden wir uns in den Straßenzug, der – mit wechselnden Namen (Jesús María, Angel de Saavedra, Blanco Belmonte, Céspedes) – in leichten Biegungen zur Kathedrale führt. Kurz davor biegen wir nach links in die Calle Bosco ab; ihre zweite Seitenstraße links ist die enge
Calle de las Flores [2] («Straße der Blumen»), die in einen besonders reizvollen kleinen Platz mündet. Von dort hat man einen unvermuteten, sehr schönen Blick auf den Glockenturm der Kathedrale, die man nach wenigen Schritten erreicht. – Die
Kathedrale [3] (Catedral), «Mezquita» genannt und ehemalige Hauptmoschee des westlichen Islam, ist – neben der Alhambra in Granada – das bedeutendste arabische Bauwerk auf europäischem Boden und eine der größten Sehenswürdigkeiten Spaniens und der Welt. Die UNESCO erklärte die Mezquita zum ***-Kulturdenkmal und erwirkte die Beseitigung der Renaissance-Nebenkapellen für die nächsten Jahre. (Geöffnet täglich 10.30 bis 13.30 Uhr, ferner März und Oktober 15.30 bis 18, April 15.30 bis 19, Mai und August 16 bis 19.30, September 16 bis 19, Juni und Juli 16 bis 19.30, November bis Februar 15.30 bis 17.30 Uhr.)

Bis ins 8. Jahrhundert stand hier die bereits in westgotischer Zeit aufgeführte fünfschiffige Basilika San Vicente. Seit 748 wurde sie von Christen und Muselmanen gemeinsam benutzt. 785 kaufte Abd ar Rahman I. den Christen ihre Kirchenhälfte ab und ließ in nur zwölf Monaten eine elfschiffige Moschee errichten, wobei weitgehend westgotische, noch heute erkennbare Bauelemente verwendet wurden.

Seine Nachfolger Abd ar Rahman II. und Al Hakam II. verlängerten im 9. Jahrhundert die elf Schiffe nach Süden. Der Kalif Almanzor endlich verbreiterte gegen Ende des 10. Jahrhunderts die Moschee um weitere acht Schiffe.

1236, nach der Eroberung der Stadt durch Fernando III., wurde die Moschee in eine Kathedrale umgewandelt, wobei mehrere Veränderungen vorgenommen wurden.

1523 ließ Karl V. gegen den Wunsch der Cordobesen eine Renaissance-Choranlage in die Moschee einbauen, mußte aber erkennen, daß man «etwas zerstört hatte, was es nur einmal auf der Welt gibt».

Dennoch sollte man die Kühnheit des Versuchs anerkennen, zwei Kulturen – die christliche und die arabische – in einem Bauwerk zu verschmelzen.

Besichtigung: (Die in eckige Klammern gesetzten großen Buchstaben decken sich mit den auf dem Plan eingezeichneten.)

Der ganze 175 Meter lange und 134 Meter breite Komplex der «Moschee-Kathedrale» ist von einer gelblichen, zinnengekrönten Mauer umgeben, deren Höhe an einigen Stellen 20 Meter erreicht.

Wir durchschreiten die Puerta del Perdón [A], das «Tor der Vergebung», von 1377. Daneben erhebt sich der Glockenturm [B] von 1593 bis 1664, dessen Besteigung wegen der Aussicht über Moschee, Stadt und Fluß sehr lohnend ist.

Wir gelangen nun in den stimmungsvollen Patio de los Naranjos [C] («Orangenhof») mit alten Orangenbäumen und dem Reinigungsbrunnen für die nach dem Koran vorgeschriebenen Waschungen; im Westen und Osten wird der Hof von Arkadengängen gesäumt. Von seiner Südseite führten einst 19 offene Durchgänge in das Innere der Moschee.

Der Eingang war die Puerta de las Palmas [D], das «Palmentor», der Hauptzugang in die älteste, elfschiffige Moschee. Der Eingang zur Besichtigung befindet sich weiter östlich.

Wohl jeder, der zum erstenmal dieses einzigartige Bauwerk betritt, wird überwältigt sein von dem Bild, das sich ihm bietet: Der nur 10,50 Meter hohe Raum gleicht mit seinen 856 Säulen, zumeist aus Marmor, Granit, Jaspis, einem endlosen Wald. Die gelblichroten Hufeisenbogen und das durch die Fenster gedämpfte Licht tragen dazu bei, diesen ersten Eindruck unvergeßlich zu machen. Es empfiehlt sich, von der Puerta de las Palmas geradeaus weiterzugehen, dann den ganzen Bau entgegen dem Uhrzeigersinn zu durchwandern und zum Abschluß den christlichen Mittelteil ([L] und [M]) zu besuchen.

Auf diesem Weg erhalten wir ein gutes Bild davon, wie sich die maurische Architektur im Lauf von zwei Jahrhunderten verfeinert und vervollkommnet hat. Wir durchschreiten zunächst den ältesten, 785 von Abd ar Rahman I. errichteten Teil der Moschee [E], dann den, dessen Entstehung auf Abd ar Rahman II. zurückgeht [F]. Von den drei nebeneinanderliegenden Kapellen verdient die Capilla de Villaviciosa [G] besondere Beachtung wegen ihrer prachtvollen stickereiähnlichen Ornamentik. Sie war der Mihrab der ersten Erweiterung. In diesem Teil der Moschee begegnen wir auch erstmals den schönen maurischen Fächerbogen.

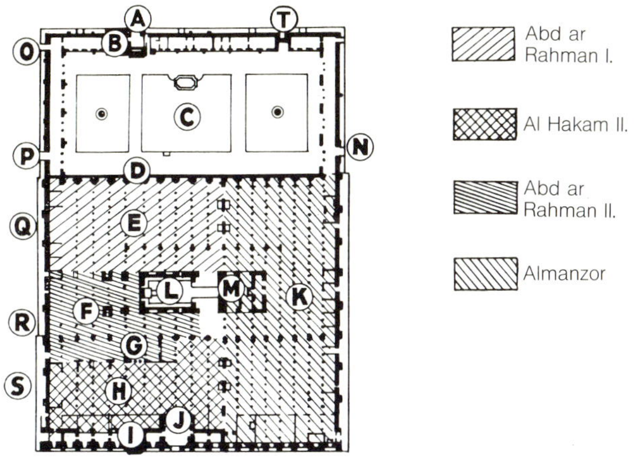

Grundriß der Kathedrale «Mezquita»

Den Höhepunkt der Ausschmückung aber bildet im dritten, auf Al Hakam II. zurückgehenden Teil [H] der Moschee der herrliche Mihrab [I], die – ausnahmsweise nicht nach Osten gerichtete – Gebetsnische, mit dem Maksura genannten Vorraum.

Neben dem Mihrab befindet sich die Capilla de Santa Teresa [J], in deren Nebenräumen der sehenswerte Domschatz (u. a. eine riesige Monstranz von Enrique de Arfe, 1517) aufbewahrt wird.

Durch den jüngsten, erst Ende des 10. Jahrhunderts aufgeführten Teil der Moschee [K] gelangen wir nun in die eigentliche, im 16. Jahrhundert eingebaute christliche Kirche. Sie besteht aus dem Chorraum [L] und der Capilla Mayor [M]. Gut läßt sich hier die Entwicklung von der Spätgotik über die Renaissance zum plateresken Stil verfolgen. Beachtung verdienen das churrigueresque Chorgestühl (1758), der marmorne Hauptaltar (1618) mit einem Gemälde von Palomino und die riesige silberne Lampe (1620).

In die Mauern der einstigen Moschee wurden zahlreiche christliche Kapellen eingefügt, die zum Teil bedeutende Kunstwerke bergen, unter anderem von Pedro de Campaña, Antonio de Castillo und Pablo de Céspedes.

Empfehlenswert ist, vor Beginn oder nach Abschluß der Besichtigung einen Rundgang um die ganze Moschee zu machen und dabei die prachtvollen Portale zu betrachten: außer der bereits erwähnten Puerta del Pérdon [A] vor allem die Puerta de Santa Catalina [N], den Postigo de la Leche [O] und die Puerta de los Deanes [P], ferner die Puerta de San Esteban [Q], die Puerta de San Miguel [R] und den Postigo del Palacio [S]. An der Nordfassade der Mezquita befindet sich der berühmte Altar der «Virgen de los Faroles» [T].

Von der Westseite der Kathedrale gehen wir nun hinunter zum Fluß, passieren den *Erzbischofspalast* [4] (15./18. Jh.), eine *Triunfo* [5] genannte Säule (18. Jh.) mit einem Standbild des Erzengels Raphael, des Schutzheiligen der Stadt, die 1571 errichtete *Puerta del Puente* [6] und erreichen die 223 Meter lange *Guadalquivir-Brücke* [7], deren 16 maurische Bogen auf römischen Fundamenten (1. Jh. v. Chr.) ruhen. Von hier hat man – besonders bei Dämmerung – einen sehr schönen Blick auf die leicht zu den Ausläufern der Sierra Morena ansteigende Stadt. Flußabwärts sieht man die Reste maurischer Mühlen («Molinos»). Am anderen Ende der Brücke steht der mächtige Festungsturm *Torre de Calahorra* [8], der um 1100 auf maurischen Fundamenten errichtet wurde. Er birgt jetzt das besuchenswerte Stadtmuseum mit interessanten historischen Dokumenten; sehr schöner Blick vom Dach (geöffnet täglich 9.30 bis 13.30, im Sommer 17 bis 20, im Winter 16 bis 19 Uhr).

Wir gehen nun über die Brücke zurück und wenden uns dann nach links zum *Alcázar de los Reyes Cristianos* [9], dem ehemaligen Königsschloß, umgeben von herrlichen Gärten. (Eingang von der Nordseite. Geöffnet täglich 9.30 bis 13.30, ferner im Sommer 17 bis 20, im Winter 16 bis 19 Uhr. Eintrittsgebühr – Die Gärten sind im Sommer von 22 bis 1 Uhr illuminiert.)

Der ausgedehnte Gebäudekomplex stammt zum Teil aus maurischer Zeit, wurde im wesentlichen jedoch unter Alfons XI. im 14. Jahrhundert ausgebaut. Acht Jahre lang, bis zur Einnahme von Granada (1491), residierten hier die «Katholischen Könige» Isabella von Kastilien und Ferdinand von Aragón.

In den (sehr besuchenswerten) Räumen der alten Burg sind in und bei Córdoba gefundene Antiquitäten ausgestellt, unter anderem ein sehr schöner römischer Sarkophag (2./3. Jh. n. Chr.) und sieben prachtvolle römische Mosaiken, darunter «Polyphem und Galetea» und «Psyche und Venus mit den vier Jahreszeiten». Bemerkenswert die arabischen Bäder.

Wer vom Alcázar zur Neustadt zurückkehrt, sollte noch einige im «Barrio de la Judería», dem ehemaligen Judenviertel, gelegene Sehenswürdigkeiten besuchen:
Städtisches Museum und *Stierkampfmuseum* [10] (Museo Municipal. Geöffnet täglich 9.30 bis 13.30, ferner im Sommer 17 bis 20, im Winter 16 bis 19 Uhr). Es enthält Arbeiten aus Leder und Silber (u. a. einen prachtvollen Altarvorsatz) und zahlreiche Erinnerungen an Córdobas große Stierkämpfer (Guerrita, Lagartijo, Manolete).

Hinter dem Museum liegt
El Zoco [11], ein besonders malerischer kleiner Platz mit Läden, in denen Kunstgewerbe hergestellt und verkauft wird. – Von hier erreichen wir nach wenigen Schritten die Calle Maimónides, wo sich in Nr. 18 die 1314/1315 erbaute kleine
Synagoge [12] befindet, die indessen seit der Vertreibung der Juden durch die «Katholischen Könige» im 15. Jahrhundert nicht mehr benutzt wird.

Wir passieren dann das alte Stadttor *Puerta de Almodóvar* [13], das *Gebäude der Militärverwaltung* [14] (Gobierno Militar) aus dem 17. Jahrhundert und die *Iglesia de San Nicolás* [15] («Nikolauskirche») aus dem 15. Jahrhundert, mit einem der schönsten und charakteristischsten Türme der Stadt.

Die wichtigsten Museen der Stadt liegen nordöstlich von der Kathedrale:
Archäologisches Museum [16] (Museo Arqueológico). Es ist in dem sehr schönen Palacio de los Páez untergebracht (geöffnet täglich 10 bis 13.30, ferner im Juni 17 bis 19, Juli und August nachmittags geschlossen, im Winter 16 bis 18 Uhr).

Man gelangt zunächst in den ersten Kreuzgang (Kapitelle, Grabstelen, Säulenreste), dann (rechts) in den Saal I (Vorgeschichte, mit Kopien von Felsmalereien), in den Saal II (Iberische Kunst: u. a. eine schöne Frauenbüste und mehrere steinerne Löwen) und in den zweiten Kreuzgang (prachtvolle römische Mosaiken, mehrere Statuen, ein schöner Sarkophag u. a.).

Die folgenden Säle enthalten unter anderem Reste von Inschriften, Urnen und Kapitellen, Stelen, schöne kleine Büsten, Schmuck, Glas- und Tongefäße.

Weiter westlich liegt das
Provinzmuseum der Schönen Künste [17] (Museo Provincial de Bellas Artes) an der Plaza del Potro («Fohlenplatz», nach dem Brunnen Fuente del Potro aus dem 16. Jh.). Dieser Platz, ein Wahrzeichen Córdobas, wird bereits in Cervantes' «Don Quijote» erwähnt.

Im Museum gehe man gleich in den ersten Stock hinauf. Dort gelangt man (links) durch einen Vorsaal in den Mittelsaal, der die wichtigsten Bilder enthält. Wir nennen (entgegen dem Uhrzeigersinn): mehrere kleine Bilder von Valdés Leal, «Elias», «Johannes der Täufer» und «Hieronymus» von Zurbarán, zwei «Heilige Familien» und zwei «Apostel Thomas» von Ribera, «König Karl IV.» und «Königin Maria Luisa» von Goya, «Thomas von Aquino» von Zurbarán, einen «Schutzengel» von Alonso Cano und einen »Knabenkopf» von Murillo.

In dem links anstoßenden Saal verdienen Beachtung: ein anonymes Triptychon (um 1500), ein Triptychon von Alfonso de Aguilar (1494) und das Porträt eines Bischofs von Pedro de Córdoba.

Auf dem Rückweg besichtige man (vor der Treppe) noch die Galerie, mit Zeichnungen und Radierungen, und in einem Nebenraum die «Anbetung der Heiligen Drei Könige», ein Frühwerk von Murillo (geöffnet ganzjährig 10 bis 13.00 Uhr).

Im Norden der Stadt liegen weitere sehenswerte Kirchen und Paläste:
Convento de la Merced [18] am Campo de la Merced; schönes Portal (1745), reizvoller Innenhof und prunkvolle Marmortreppe. 1978 zerstörte ein Brand die barocke Innenausstattung der Klosterkirche, die ehemals Berühmtheit erlangt hatte durch ein goldenes Retablo und ein Kruzifix, vor dem Kolumbus gebetet haben soll, als er sich hier im «Kloster der barmherzigen Brüder» aufhielt.
Santa Marina de Aguas Santas [19], eine der schönsten Kirchen der Stadt, mit romanischen Portalen und gotischen Fenstern.
Palacio de Viana [20] (Calle San Agustín). Dieser ehemalige Privatpalast gehört mit seinen 14 Innenhöfen und Gärten zu den schönsten Profanbauten Córdobas. (Führungen durch die komplett möblierten Innenräume.)
Plaza de los Dolores [21]. An diesem besonders stimmungsvollen Platz, mit einem Standbild des «Cristo de los Dolores», liegen das Kapuzinerkloster und die Kirche San Jacinto mit platereskem Portal, 1512, mit der von den Bewohnern Córdobas besonders verehrten Virgen de los Dolores («Schmerzensreiche Jungfrau»).

Erwähnenswert sind endlich die Kirchen *San Miguel* [22], *San Lorenzo* [23], *La Magdalena* [24], *San Pablo* [25] und *San Pedro* [26], die Kapelle *San Bartolomé* [27] und der mittelalterliche Turm *Malmuerta* [28].

Verkehrsverbindungen
Mit der Eisenbahn nach Madrid, Sevilla-Cádiz, Algeciras, Málaga, Granada u. a.
Mit dem Autobus nach Granada, Jaén, Sevilla.
Mit dem Flugzeug nach Madrid, Málaga.
Informationen
Hermanos González Murga 13, Tel. 221205. Pl. de Judá Leví s/n., Tel. 224099.

Granada

(Betonung auf der zweiten Silbe; 662-780 m ü. d. M.; 240000 Einw.) ist dank der weltberühmten Alhambra eine der sehenswertesten Städte Spaniens. Dazu kommt seine unvergleichlich schöne Lage am Fuß eines der höchsten europäischen Gebirge, der Sierra Nevada, mit den von ewigem Schnee bedeckten Bergen Mulhacén (3481 m), Veleta (3428 m) und Alcazaba (3314 m).

Die Stadt zieht sich zwischen zwei Hügeln hin, dem Albaicín und der Alhambra-Höhe; sie werden durch den Fluß Darro geschieden, der in der Innenstadt unterirdisch verläuft und dann in den Río Genil mündet. Im Südwesten öffnet sich die Vega von Granada, eine vom Río Genil durchzogene, höchst fruchtbare Ebene.

Die hervorragende Lage – vor einer schützenden Hochgebirgswand, mit beherrschenden Hügeln und am Rande einer weiten Ebene – sowie das ausgezeichnete Klima machen es verständlich, daß sich hier schon in frühesten Zeiten bedeutende menschliche Siedlungen befanden. Seinen Höhepunkt erreichte Granada, als es unter den Mauren vom 12. bis 15. Jahrhundert die reichste Stadt der Iberischen Halbinsel war.

Geschichte
Der Ursprung Granadas liegt im Dunkel der Vorgeschichte. In iberischer Zeit war es als «Elubirge» das Zentrum des hochkultivierten Stammes der Túrduler. Die Römer nannten es «Iliberri». 62 n. Chr. wurde es Bischofssitz San Cecilio; im Jahre 300 n. Chr. fand hier die erste spanische Bischofsversammlung statt.

Den Römern folgten die Westgoten und diesen die Araber, die sich 711 in der nun «Garnata» oder «Granata» genannten Stadt festsetzten. Auf der Alhambra-Höhe erbauten sie ihre Alcazaba, heute die Torre Bermejas, von der aus strenge Vögte im Auftrage der Emire und – seit 929 – Kalifen von Córdoba das unruhige Land beherrschten.

Die Glanzzeit der Stadt begann mit dem Fall des Kalifen von Córdoba (1031). Der maurische Statthalter von Granada machte sich selbständig und gründete die Dynastie der Ziriten. Auf sie folgten die (aus Marokko gekommenen) Almoraviden (1090) und die Almohaden (1148), die ebenfalls in Marrakesch residierten.

Nach der Niederlage des letzten Almohaden in der Schlacht gegen die Christen bei Navas de Tolosa (1212) bildete sich 1238 hier das einzige und letzte maurische Königreich auf der Iberischen Halbinsel. Durch zweieinhalb Jahrhunderte regierten die zwanzig Könige aus der Dynastie der Nasriden das Reich. Obwohl sie seit 1245 den Königen von Kastilien tributpflichtig waren, konnten sie ihre Selbständigkeit bis 1491 bewahren und ihre Hauptstadt Granada zu einem weltberühmten Zentrum von Kunst und Wissenschaft machen.

Die Bautätigkeit der Nasriden erreichte ihren Höhepunkt im 14. Jahrhundert unter Jussuf I. (1333-1353) und Mohammed V. (1353-1391). Damals entstand vor allem die Alhambra, wie wir sie heute vor uns sehen. In der zweiten Hälfte des 15. Jahrhunderts kam es zum Verfall des Reiches, und nach elfjährigem Krieg konnten die «Katholischen Könige» Isabella und Ferdinand am 3. Januar 1492 in Granada, der letzten arabischen Bastion auf spanischem Boden, einziehen. Boabdil, der letzte Maurenkönig, ging ins afrikanische Exil. Granada dürfte damals eine halbe Million Einwohner gezählt haben.

In der nun für die Stadt beginnenden Renaissancezeit erlebte sie noch einmal eine kurze Blüte; sie ging 1568 mit dem – blutig unterdrückten – Aufstand der dort verbliebenen Mauren zu Ende. Heute ist Granada eine lebhafte Provinzstadt und Sitz eines Erzbischofs sowie einer Universität.

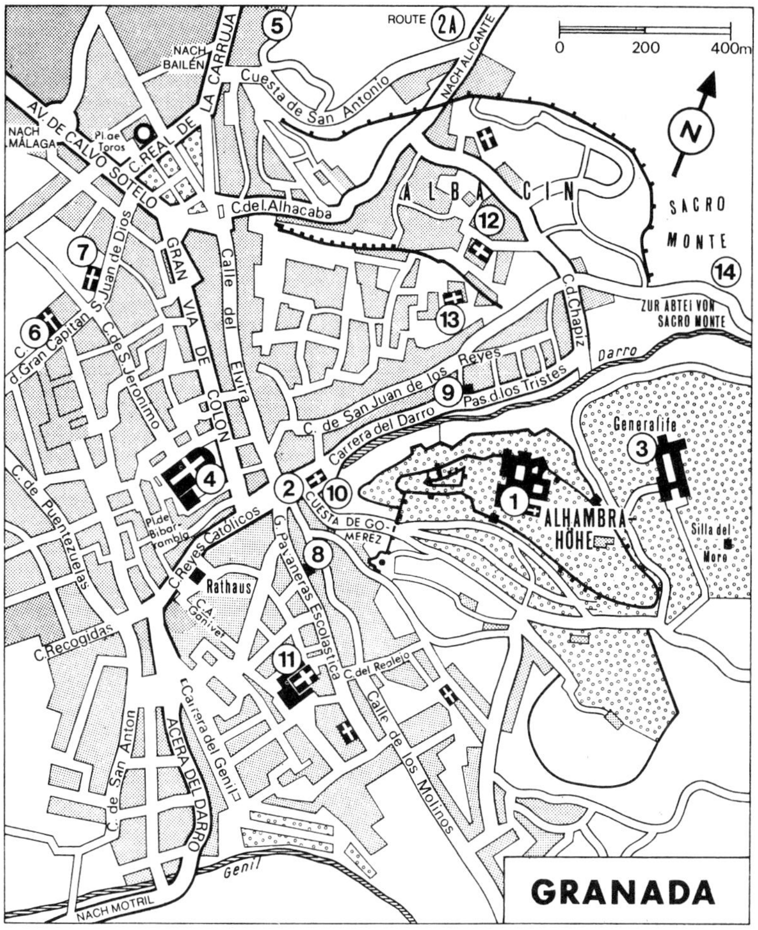

Stadtbesichtigung

Man braucht mindestens einen Tag, um einen einigermaßen umfassenden Eindruck von Granada zu gewinnen. Man wird aber auch zwei und drei Tage ganz mit lohnenden Besichtigungen ausfüllen können.

Bei beschränkter Zeit empfiehlt sich – schon wegen der beträchtlichen Entfernungen – die Teilnahme an organisierten Rundfahrten:

1. Alhambra und Generalife: vormittags, dreistündig.
2. Stadtrundfahrt (Kathedrale mit Grabkapelle, Kartause, Albaicín, Sacro Monte mit Zigeunertänzen): nachmittags, dreieinhalbstündig.
3. Stadtrundfahrt (Beginn 21.30 Uhr), Zigeunertänze und andalusische Tänze (von 23 bis 1 Uhr in einem Festsaal).
4. Zigeunertänze auf dem Sacro Monte: 18 bis 19.30 und 22 bis 23.30 Uhr, nicht regelmäßig.
5. «Romantisches Granada»: 22.15 bis 1.30 Uhr, mit Zigeunertänzen und andalusischen Volkstänzen.

Als Programm für einen zweitägigen Aufenthalt empfehlen wir:

1. Tag: vormittags Alhambra, nachmittags Kathedrale. Albaicín, Sacro Monte.
2. Tag: vormittags Kartause, San Juan de Dios, San Jerónimo, Universität, nachmittags Casa de los Tiros, Generalife, Santo Domingo.

Sehenswürdigkeiten

(Die in eckige Klammern gesetzten Zahlen decken sich mit den auf dem Stadtplan eingezeichneten.)

Wohl jeder Fremde wird in Granada als erstes die *Alhambra* [1] besuchen wollen. Wir beginnen daher mit ihrer Beschreibung. Sie ist mit dem *Generalife* [3] durch eine Brücke verbunden.

(Die in eckige Klammern gesetzten großen Buchstaben decken sich mit den auf den Grundrissen eingezeichneten.)

Man erreicht sie von der *Plaza Nueva* [2], indem man die Straße Cuesta de Gomérez bis zum Haupteingang des Parks, der Puerta de las Granadas [A] hinaufsteigt, einem Meisterwerk der Frührenaissance von Pedro de Machuca (1536). Das Tor ist unter anderem mit drei großen Granatäpfeln, dem Wahrzeichen der Stadt, geschmückt. In maurischer Zeit verlief hier eine Mauer, die die Alcazaba (links) mit einer auf dem Monte Mauror (rechts) gelegenen Festung verband. (Die dort sichtbaren Bermejas-Türme [B] stammen aus dem 13. Jahrhundert.)

Autofahrer bleiben auf der breiten Straße, die sie bis auf die Höhe bringt. Fußgänger dagegen benutzen den hier links abzweigenden Weg Cuesta Empedrada, der steil durch den schönen Alhambra-Park hinaufführt.

Der «Brunnen Karls V.» [C] (Pilar de Carlos V) ist ein beachtenswertes Werk von dem – bereits erwähnten – Pedro de Machuca, mit Wappen und Sinnbildern der Flüsse, die das Becken von Granada bewässern (Genil, Darro und Beiro). Dahinter öffnet die Puerta de la Justicia [D](«Tor der Gerechtigkeit») von 1348 den Zugang zum Burgbezirk. (Autofahrer folgen der Straße von hier weiter bis zur Puerta de los Carros [E].)

Rundgang (geöffnet im Sommer 9 Uhr bis Sonnenuntergang, im Winter 10 Uhr bis Sonnenuntergang):

Wir beschaffen uns zunächst die Eintrittskarten in einem Gebäude nahe der Puerta de la Justicia [D] und besichtigen dann die einzelnen Bauten in chronologischer Folge, das heißt zuerst die Alcazaba, dann den eigentlichen Alhambra-Palast und zum Abschluß den Palast Karls V.

Vor dem «Palast Karls V.» [F] erstreckt sich die Plaza de los Aljibes [G], der «Platz der Zisternen», zu dem der alte Wallgraben in christlicher Zeit auf-

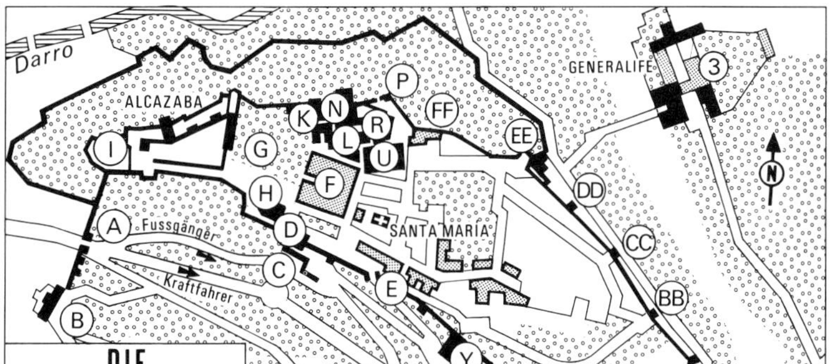

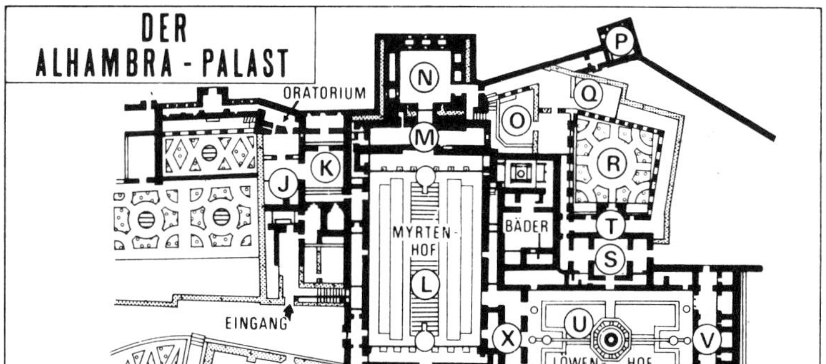

geschüttet wurde. Dort bietet sich ein schöner Blick auf Mauern und Tore der Alcazaba, der ältesten maurischen Königsburg.

Wir gehen nun durch die Puerta del Vino [H], das «Weintor». Es verdankt seinen Namen der Tatsache, daß früher hier kostenlos Wein ausgeschenkt wurde. Beachtenswert sind die besonders schönen «Azulejos», die von den Arabern mit Vorliebe als Wandschmuck verwendeten kunstvoll bemalten Kacheln. – Die

Alcazaba wurde im 13. Jahrhundert als Königsburg auf den Wällen einer älteren Festung errichtet. Durch den Garten de los Adarves gelangt man in die Festung. Vom Torre de la Vela [I], dem 26 Meter hohen Wachtturm im Westen der Alcazaba, genießt man einen außerordentlich schönen Blick über die Stadt und ihre Umgebung. Die Glocke läutete 24 Stunden bei der Eroberung 1492.

Von der Alcazaba gehen wir zurück zur Plaza de los Aljibes [G] und hinunter zum Eingang in den

Alhambra-Palast (Palacio Árabe), der im 14. und 15. Jahrhundert den maurischen Herrschern als Residenz diente und der noch heute den einsamen Höhepunkt der arabischen weltlichen Baukunst darstellt.

Er ist äußerlich eher unscheinbar; doch seine Innenhöfe und Säle bilden ein unübertroffenes Musterbeispiel orientalischer Prachtentfaltung, von künstlerischem Geschmack und Sinn für Perspektiven und Harmonie. Unter Verzicht auf – vom Koran verbotenen – figürlichen Schmuck wurde hier aus Stein, Stuck, geschnitztem Holz und farbenfrohen Kacheln eine Wunderwelt geschaffen, die ihresgleichen sucht. Ihrem einmaligen Zauber wird sich kein Besucher entziehen können.

Der Palast besteht – wie alle islamischen Bauten dieser Art – aus drei Teilen: dem Mexuar, der für die königliche Verwaltung und Rechtsprechung bestimmt war, dem Diwan, den königlichen Amtsräumen, und dem Harem, der dem König und den Frauen vorbehalten war. Die Räume jedes Teiles münden auf einen Hof, wie es schon im alten Griechenland und in Rom üblich war.

Vom Eingang gelangen wir zunächst in den Mexuar. Der maurische Audienz- und Gerichtssaal [J] wurde in christlicher Zeit als Kapelle benutzt. Von dort kommt man in den hübschen kleinen Patio del Mexuar [K], mit sehr schönen Holz- und Stuckarbeiten. Hier erhält man den ersten Eindruck von den drei Grundelementen maurischer Ornamentik: den oft bis zur Unkenntlichkeit stilisierten Blättern und Blüten, den unter-, über- und ineinanderverschlungenen Bändern und den kunstvoll gestalteten Inschriften religiösen, poetischen oder historischen Inhalts.

Von hier kommen wir in den

Myrtenhof [L] (Patio de los Arrayanes), der den Mittelpunkt des dem König vorbehaltenen Palastteiles (Diwan oder Serail) bildete. Der 37 Meter lange und 23 Meter breite Hof verdankt seinen Namen den Myrtensträuchern, die den rechteckigen Teich umgeben. Die Querseiten schaffen mit ihrer reichen Gliederung einen ungemein reizvollen Kontrast zu der sparsamen und symmetrischen Dekoration der Längsseiten.

An der Nordseite des Platzes erhebt sich die mächtige Torre de Comares. Darunter befindet sich – vom Myrtenhof durch die Sala de la Barca [M] getrennt – der

Botschaftersaal [N] (Sala de los Embajadores), der einstige Thronsaal des Schlosses. Der 18 Meter hohe und von einer prachtvollen hölzernen Kuppel überwölbte Raum gehört zu den schönsten der ganzen Alhambra. Durch die Fenster des Saales hat man einen besonders reizvollen Ausblick. Verse aus dem Koran und Gedichte, die den Ruhm Jusufs I. besingen, rahmen die Ornamentfelder ein.

Durch den Myrtenhof geht es durch die Sala de los Mozárabes [X] – die Decke stammt aus der Zeit der «Katholischen Könige» – in den

Löwenhof [U] (Patio de los Leones), der den Mittelpunkt der königlichen Winterwohnung mit dem Harem bildet. Dieser äußerst stimmungsvoll und harmonisch wirkende Hof wird mit Recht als absoluter Höhepunkt der maurischen Architektur angesehen.

Der nur 28 Meter lange und 16 Meter breite Hof ist von 124 schlanken Marmorsäulen umgeben. Seinen Namen verdankt er den 12 Löwen aus dunklem Marmor, die den in der Mitte stehenden Brunnen schmücken; möglicherweise wurden sie bereits im 10. Jahrhundert geschaffen. An den beiden Querseiten ragen zwei sehr reizvolle Pavillons in den Hof herein.

Im Osten schließt sich an den «Löwenhof» die dreiteilige Sala de los Reyes [V], der «Saal der Könige», an. Die Alkoven, die wahrscheinlich als königliche Schlafgemächer gedient haben, sind mit sehr schönen Deckenbildern (15. Jh.) geschmückt; im mittleren Alkoven sind die ersten zehn Könige aus der Dynastie der Nasriden dargestellt.

Im Süden des Löwenhofes öffnet sich die Sala de los Abencerrajes [W]. Ihr Name geht auf das Adelsgeschlecht der Abencerragen zurück, dessen 36 Mitglieder hier im 15. Jahrhundert ermordet worden sein sollen. Beachtenswert sind der zwölfeckige Marmorbrunnen und die prachtvolle Stalaktitenkuppel.

Im Norden des Hofes schließt sich der

Saal der zwei Schwestern [S] (Sala de las dos Hermanas), dessen einzigartige Ausschmückung wohl die größte künstlerische Leistung in der Alhambra darstellt, an. Seinen Namen verdankt er zwei besonders großen Bodenplatten. Das riesige Stalaktitengewölbe zählt etwa 5000 Hohlkehlen. Hier wohnte unter anderen die Mutter des letzten Maurenkönigs Boabdil.

An diesen Saal stößt im Norden die Sala de los Ajimeces [T] an, mit dem kunstvoll geschmückten Alkoven «Mirador de Daraxa».

Vom «Saal der zwei Schwestern» geht es durch die Räume, in denen der Schriftsteller Washington Irving lebte [Q], in den Patio de la Reja [O] («Hof des Gitters») hinunter zu den reich ausgestatteten Bädern. Durch den Garten de Lindaraja mit dem Peinador de la Reina [P] geht es hinauf zur Kirche Santa Maria, anstelle der ehemaligen Moschee, zurück zum

Palast Karls V. [F] (Palacio de Carlos V), einem 1526 von Pedro de Machuca begonnenen, jedoch unvollendet gebliebenen Bau, der als die größte Schöpfung der spanischen Hochrenaissance angesehen wird. Der runde Mittelhof sollte als Stierkampfarena dienen. Jetzt ist in dem Palast das – auch »Alhambra-Museum» genannte –

Provinzmuseum der Schönen Künste (Museo Provincial de Bellas Artes) untergebracht (geöffnet ganzjährig täglich 10 bis 14 Uhr).

In dieser bedeutenden Skulpturen- und Gemäldesammlung ragen vor allem die Werke von J. Florentino, Siloe, Mena, Cano und Sanchez Cotán heraus.

Im nördlichen Teil geht es zum

Archäologischen Museum (gleiche Öffnungszeit).

Hier werden die Kunstwerke der maurischen Künstler für die Alhambra gezeigt (Steinmetzarbeiten, Einlegearbeiten, Azulejos etc.).

Zum Generalife geht man an den Gärten de Lindaraja vorbei durch die Portalgärten zum Torre del Agua [AA]. Die mächtigen Türme auf beiden Seiten geben einen guten Eindruck vom Festungscharakter der Alhambra. Wir nennen die Torre de las Cabezas [Y], die Puerta de los siete Suelos [Z] («Tor der sieben Stockwerke»), die Torre del Agua [AA] («Wasserturm»), die Torre de las Infantas [BB] («Tor der Infantinnen»; prachtvolle Aussicht), die – einem kleinen Palast ähnelnde und besonders besuchenswerte – Torre de la Cautiva [CC] («Turm der gefangenen Frau»), die Torre del Candil [DD], die Torre de los Picos [EE] («Zinnenturm») und die Torre de las Damas [FF] («Damenturm»).

Dann kommen wir zum einstigen Sommersitz der maurischen Könige, dem

Generalife [3] (Eintrittszeiten wie für die Alhambra. Die dort gelösten Eintrittskarten gelten auch hier).

Vom Tor geht man durch eine prachtvolle Zypressenallee zu dem von außen eher unscheinbaren Hauptgebäude hinauf. Von dem ersten, im 13. Jahrhundert hier errichteten Schloß blieb praktisch nichts erhalten. Der heutige Bau entstand im wesentlichen zwischen dem 14. und 16. Jahrhundert.

Gleich hinter dem Eingang gelangt man in den bei weitem schönsten Teil der Anlage, den außerordentlich reizvollen Innenhof (49 x 13 m). Mit seinen Orangenbäumen, Myrten- und Lorbeerhecken, dem Wasserbecken, das von vielen kleinen Fontänen gespeist wird, der üppigen Blütenpracht

Fortsetzung Seite 97

Die Kathedrale von Sevilla, der drittgrößte Sakralbau der Welt

Puerta de Córdoba in Carmona (Provinz Sevilla)

Blick auf die Alhambra in Granada (oben). Myrtenhof in der Alhambra (unten)

Ronda (oben). Innenansicht der Mezquita in Córdoba (unten)

Sevilla – am Guadalquivir gelegen – ist mit dem Meer durch Kanäle verbunden

Sherrykellerei in Jerez de la Frontera

und den schlanken Säulen der Arkaden scheint er der Schauplatz eines orientalischen Märchens zu sein.

Beachtung verdienen jedoch auch die Räume des kleinen Palastes, insbesondere die (am jenseitigen Ende des Hofes gelegene) Sala de los Reyes («Saal der Könige»). Von der Plattform über diesem Saal bietet sich ein herrlicher Blick auf die Alhambra und die Stadt. Einen Besuch lohnen endlich der zweite, Patio de la Sultana («Hof der Sultanin») genannte Palasthof und der sehr schöne Park mit seinen Wasserspielen, Grotten und Terrassen.

Zum Abschluß der Besichtigung kann man noch zu der Silla del Moro («Stuhl des Mauren») genannten Höhe hinaufsteigen und dort den weiten Blick auf die Sierra Nevada und die Alhambra-Höhe genießen. Kürzlich wurden dort die Reste eines arabischen Festungsturmes freigelegt.

Nach der Alhambra-Höhe und dem Generalife wenden wir uns jetzt der eigentlichen Stadt Granada zu. Ihr bedeutendstes Bauwerk ist die *Kathedrale* [4]. (Geöffnet täglich 10 bis 13 Uhr, ferner im Sommer 15.30 bis 19, im Winter 15 bis 18 Uhr.)

Sie ist heute die schönste Renaissancekirche des Landes. Als Siegesdenkmal des christlichen Spanien wurde sie seit 1523 erbaut, zunächst im gotischen Stil, seit 1528 im plateresken Stil der Frührenaissance. Seit 1667 errichteten Alonso Cano und seine Nachfolger die riesige Westfassade. Erst 1704 war der Innenraum vollendet. Von den Portalen der Kirche sei die Puerta del Perdón an der Nordwestseite besonders erwähnt; ihr reichgeschmückter unterer Teil wurde 1537 vollendet, der obere erst 1610.

Der mächtige fünfschiffige Innenraum ist 116 Meter lang und 67 Meter breit. Im Gegensatz zu den meisten anderen spanischen Kathedralen gibt es hier keine den Gesamteindruck störende Choranlage: Der «Coro» mit zwei prächtigen Barockorgeln ist nach allen Seiten offen. Zwischen Coro und Hauptportal befindet sich das Grab von Alonso Cano, der in der Kirche und dem anstoßenden kleinen Museum (gleiche Öffnungszeiten wie oben) mit zahlreichen Werken vertreten ist. (Diesem Museum gegenüber wird der sehenswerte Kirchenschatz aufbewahrt.)

Den künstlerischen Höhepunkt bildet die runde, 45 Meter hohe und von einer Kuppel überwölbte Capilla Mayor mit schönen Glasfenstern (16. Jh.), vergoldeten Apostelstatuen (1612-1674) und Gemälden (1652-1664) von Alonso Cano.

An der Südostseite der Kathedrale, an der Stelle der ehemaligen Hauptmoschee der Stadt, wurde von 1705 bis 1759 das
Sagrario angebaut, das heute als Pfarrkirche dient und in dessen Kapellen einige Kunstwerke zu sehen sind (Zugang von der Plaza de la Lonja). Daneben befindet sich der Eingang in die
Königliche Kapelle (Capilla Real) mit der Grabstätte der «Katholischen Könige» (geöffnet täglich 11 bis 13 Uhr, ferner im Sommer 16 bis 19, im Winter 15.30 bis 18 Uhr).

Dieser herrliche, von 1504 bis 1521 ausgeführte Bau gilt als Gipfelleistung der spanischen Spätgotik. Durch ein prachtvolles Gitter (1523) gelangt man in die eigentliche Grabkapelle mit den Marmorgrabmälern von Isabella und Ferdinand (rechts; von dem Florentiner Domenico Fancelli, 1517) und (links) ihrer Tochter, Johanna der Wahnsinnigen, und deren Mann, Philipp dem Schönen (von Bartolomé Ordoñéz, 1519/1520). Einige Stufen führen hinunter in die Gruft, wo die einfachen Bleisärge stehen. (Der fünfte Sarg ist der des Prinzen Miguel, des Enkels der «Katholischen Könige».)

In der Kapelle verdienen ferner Beachtung: der große Hauptaltar (1520 bis 1522) von Felipe Vigarní, ein Triptychon von Dirk Bouts und – an den Seiten – zwei Reliquienaltäre (1630-1632) von Alonso de Mena.

Sehr empfehlenswert ist auch ein Besuch der an die Kapelle anstoßenden ehemaligen Sakristei! Hier wird der kostbare Kirchenschatz aufbewahrt (mit Krone, Zepter und Spiegel der Königin Isabella, einem Schwert König Ferdinands, Kelchen, Standarten u. a.), ferner einige hervorragende altniederländische Gemälde (u. a. von Rogier van der Weyden und Hans Memling). Erwähnenswert sind endlich die Statuen der betenden «Katholischen Könige» von Vigarní.

Nach dieser ausführlichen Beschreibung von Granadas wichtigsten Sehenswürdigkeiten glauben wir, uns nun kurz fassen zu können:

Kartäuserkloster [5] (Cartuja). Beachtenswert ist hier vor allem die herrliche Sakristei (1727-1764), ferner das Refektorium (1531), die Kirche (16./17. Jh.) und das Sagrario (1704-1720). (Geöffnet täglich 10 bis 13 Uhr, ferner im Sommer 16 bis 19, im Winter 15 bis 18 Uhr.)

San Jerónimo [6]. In diesem ehemaligen Kloster (gegründet 1492) verdient vor allem die Kirche (16. Jh.) Beachtung; 1729 bis 1735 wurden ihre Wände von Juan de Medina ganz mit Fresken bedeckt (Öffnungszeiten wie für das Kartäuserkloster. Eintrittsgebühr).

San Juan de Dios [7]. Die Kirche dieses 1552 gegründeten Hospitals wurde 1739 bis 1759 im Barockstil erbaut. (Geöffnet ganzjährig 10 bis 13.30 Uhr und 15.30 Uhr bis Sonnenuntergang.)

Casa de los Tiros [8], Calle de Pavaneras 19. In diesem Palast (16. Jh.) befinden sich jetzt das Fremdenverkehrsbüro und ein Volkskundemuseum (geöffnet 10 bis 13.30 Uhr).

Archäologisches Museum [9] (Museo Arqueológico) in der Casa de Castril, an der Carrera del Darro 43. Der schöne Renaissancepalast (1539) birgt reichhaltige Sammlungen (geöffnet täglich 9 bis 14 Uhr, an Feiertagen 9 bis 13 Uhr).

Santa Ana [10] an der Plaza Nueva, eine besuchenswerte kleine Kirche von 1501 bis 1548 (Turm von 1561 bis 1563).

Santo Domingo [11]. Diese ebenfalls sehr schöne Kirche stammt im wesentlichen aus dem 16. und 17. Jahrhundert (geöffnet 11 bis 13 und 17 bis 19.30 Uhr).

Albaicín [12]. Diese nördliche Vorstadt, auf dem gleichnamigen Hügel, macht mit ihren engen Gassen und den fast fensterlosen Häusern noch einen ganz orientalischen Eindruck. Von der Terrasse vor der Kirche
San Nicolás [13], von 1525, hat man – besonders gegen Abend – den schönsten Blick auf die Alhambra und die Sierra Nevada.

Sacro Monte [14]. An den Abhängen dieses Berges wohnen seit Jahrhunderten Zigeuner (*Gitanos*) in Felshöhlen (*Cuevas*), von denen viele durchaus gemütlich eingerichtet sind. Die Zigeuner leben in der Hauptsache vom Fremdenverkehr und wenden heute nicht selten kriminelle Methoden an, um sich von den Touristen Geld zu verschaffen (Vorsicht!).

Verkehrsverbindungen
Mit der Eisenbahn nach Madrid, Sevilla, Murcia-Alicante-Valencia-Barcelona; Almería, Bobadilla-Córdoba/Algeciras/Málaga.
Mit dem Autobus nach Motril-Almuñécar, Baza, Córdoba (über Priego oder Lucena), Guadix, Jaén, Málaga, Murcia, Sevilla, Sierra Nevada.
Mit dem Flugzeug nach Madrid und Barcelona (Flugplatz an der N 342, 13 km westlich).
Stadtverkehr:
Autobusse zur Alhambra: alle 40 Minuten von 8 bis 20.40 Uhr (Calle Ganivet, Reyes Católicos, Plaza Nueva, Bosque de la Alhambra);
zum Kartäuserkloster: viertelstündlich von 8.30 bis 23.30 Uhr;
auf dem Albaicín: über die Gran Vía, alle 20 Minuten, zwischen 7.50 und 23.10, über die Carrera del Darro, alle 40 Minuten, zwischen 8 und 23 Uhr.
Informationen
«Casa de los Tiros» [8], Calle de Pavaneras 19.

Málaga

(500 000 Einw.), einer der wichtigsten spanischen Mittelmeerhäfen, liegt prachtvoll zu Füßen der Montes de Málaga in der fruchtbaren Ebene Hoya de Málaga, in der Apfelsinen, Baumwolle, Zuckerrohr, Bananen, Feigen und Wein angebaut werden. Seine wichtigsten Exportartikel sind Rosinen und der in der ganzen Welt bekannte Wein.

Zwar steht sein Reichtum an Kunstschätzen dem von Sevilla, Córdoba und Granada nach, aber kein Fremder, der nach Südspanien kommt, sollte den Besuch dieser interessanten Stadt versäumen, die ihm mit ihrer Kathedrale, der Alcazaba und dem Gibralfaro bleibende Eindrücke vermitteln kann. Ihr ausgeglichenes Klima macht sie besonders im Winter auch für einen längeren Aufenthalt geeignet. (Im Winter gibt es durchschnittlich nur fünf bis acht Regentage im Monat.)

Geschichte

Málaga ist eine Gründung der Phönizier. Auf ihr Wort «Malak» für das Salzen von Fischen dürfte der Name der Stadt zurückgehen. Später saßen hier Griechen, Karthager und Römer. Ihnen folgten 571 die Westgoten und 711 die Mauren. Im 15. Jahrhundert richteten die Christen mehrere erfolglose Angriffe gegen die Stadt. Erst 1487 konnten die «Katholischen Könige» Málaga zur Übergabe zwingen.

Sehenswürdigkeiten

(Die in eckige Klammern gesetzten Zahlen decken sich mit den auf dem Stadtplan eingezeichneten.)

Málaga läßt sich durchaus in einem Tag besichtigen. Man konzentriere sich dann vormittags auf die Innenstadt (mit Kathedrale und Alcazaba) und gehe nachmittags auf den Gibralfaro.

Hauptverkehrsader ist die 42 Meter breite

Alameda [1] (offiziell: Avenida del Generalísimo), die sich vom Fluß Guadalmedina in einer Länge von etwa 500 Metern bis zur Plaza del General Queipo de Llano zieht. (Dort setzt sie sich längs des Hafens in dem von prachtvollen Parkanlagen gesäumten Paseo del Parque fort.) An ihrem Ende zweigt nach Norden die wichtigste Geschäftsstraße der Stadt, die Calle del Marqués de Larios, ab. Etwas östlich davon erhebt sich die mächtige

Kathedrale [2] (Catedral), die im wesentlichen aus der Renaissancezeit stammt (geöffnet täglich 10 bis 13 und 16 bis 19 Uhr).

Die Kathedrale wurde seit 1528 nach Plänen von Diego de Siloé an der Stelle der alten Hauptmoschee erbaut und durch das Erdbeben von 1680 teilweise zerstört. Der bald darauf in Angriff genommene Wiederaufbau konnte nicht fertiggestellt werden; insbesondere der geplante zweite Turm ist nie aufgeführt worden. Von dem 1779 vollendeten, 92 Meter hohen Turm bietet sich ein sehr schöner Blick.

Der 115 Meter lange Innenraum ist mit seinen drei gleich hohen Schiffen, den Bündeln korinthischer Säulen, den hohen Decken und den großartigen Proportionen sehr eindrucksvoll.

Vom Haupteingang (in der Westfassade) gehen wir, rechts beginnend, zunächst entgegen dem Uhrzeigersinn an den die Kathedrale säumenden Kapellen entlang. Unter der Capilla de los Caídos («Kapelle der Gefallenen», erste rechts) sind die Leichen von 1100 Menschen beigesetzt, die während des Bürgerkrieges in Málaga den Tod fanden; in der Kapelle eine eindrucksvolle «Mater Dolorosa» von Pedro de Mena. In der zweiten Kapelle (Sagrado Corazón, «Heiliges Herz») fällt der schöne Altar auf, in der dritten eine «Madonna mit Heiligen» von Alonso Cano. In der fünften (Capilla de los Reyes, «Kapelle der Könige») wird eine Madonnenstatue aufbewahrt, welche die «Katholischen Könige» auf ihren Feldzügen immer mit sich geführt haben sollen; zu ihren beiden Seiten die betenden Figuren des Königspaares von Pedro de Mena.

Die siebte Kapelle (Santa Bárbara) birgt den schönsten Retablo (Altaraufsatz) der Stadt (um 1520); die achte, in der Mitte, stammt von Juan de Villanueva, mit Marmorstatuen von Juan de Salazar. Da die Kapellen an der Nordseite kaum nennenswerte Kunstwerke aufzuweisen haben, wenden wir uns jetzt in den 1592 bis 1631 in der Mitte eingebauten Coro.

Hier verdient besondere Beachtung das Chorgestühl (1631-1658), das zu den schönsten gehört, die es in Spanien gibt. Von den zumeist aus Mahagoniholz geschnitzten, sehr ausdrucksvollen Statuen stammen vierzig von Pedro de Mena. Auch Alonso Cano war an den Arbeiten beteiligt. Diese Heiligenstatuen stellen förmlich ein Museum von Menschentypen aller Klassen und Altersstufen dar.

Erwähnenswert sind endlich die vier Skulpturengruppen an den Längsseiten des Coro: Den Bildern von Heiligen sind naturalistische, fast karikaturistisch wirkende Darstellungen von Bettlern und Kranken beigestellt.

Gleich neben der Kathedrale steht die Pfarrkirche, das

Sagrario [3], zu Beginn des 16. Jahrhunderts erbaut; ab 1517 wurde das außergewöhnlich reiche isabellinische Portal an der Nordseite erbaut (Calle del Císter). Im Innern ist vor allem der riesige platereske Retablo (16. Jh.) von Juan de Valmaseda (aus der Schule Berruguetes) zu beachten. Die beiden kleineren Retablos an den Seiten zeigen die Merkmale von Renaissance (links) und Barock (rechts). (Täglich 9 bis 13 und 17.30 bis 19 Uhr.)

Geht man vom Sagrario nach Nordosten, so findet man ohne Schwierigkeiten (Wegweiser!) in der Calle San Agustín das

Museum der Schönen Künste [4] (Museo de Bellas Artes). Im Erdgeschoß birgt es unter anderen Gemälde von Murillo («Heiliger Franz von Paula»), Ribera («Martyrium des heiligen Bartholomäus», «Heiliger Franziskus») und Zurbarán («Heiliger Benedikt», «Heiliger Hieronymus»), im ersten Stock einige Jugendwerke von Picasso (geb. 1881) von 1891 und 1895 und mehrere Gemälde seines Lehrers Muñoz Degrain («Die Walküren», «Das Tote Meer» u. a.) sowie zahlreiche andere Bilder aus dem 19. Jahrhundert.

(Geöffnet täglich 10 bis 13.30 und 16 bis 19 Uhr; an Feiertagen nur vormittags.)

Von der Ostseite der Kathedrale gehen wir nun zur Alcazaba hinauf. Am Beginn des auf den Hügel führenden Weges erblicken wir links die Reste eines römischen Theaters. Die

Alcazaba [5] ist die Ruine der auf phönizischen und römischen Fundamenten errichteten alten maurischen Königsburg (geöffnet täglich 10 bis 13 Uhr, ferner im Sommer 17 bis 20, im Winter 16 bis 19 Uhr).

Die zwischen dem 8. und 14. Jahrhundert aufgeführte Festung war bis vor einigen Jahrzehnten völlig verwahrlost und mit armseligen Häuschen bebaut. Seitdem wurde sie systematisch rekonstruiert und von allen späteren Zutaten gesäubert.

Beachtung verdienen die Puerta de Granada (12. Jh.), der Arco de Cristo («Bogen Christi»), die mächtige Torre de Vela («Wachtturm») und die Reste des Königsschlosses (13./14. Jh.) mit schönen blumengeschmückten Höfen. In mehreren Räumen ist ein gutes archäologisches Museum untergebracht. Ferner sind dort Zeugnisse arabischer Kunst ausgestellt. Von mehreren Punkten endlich genießt man eine prachtvolle Aussicht.

Ein enger Durchgang führt auf den benachbarten Hügel

Gibralfaro [6] (170 m). Auf phönizischen oder griechischen Fundamenten wurde dort im 14. Jahrhundert von Jussuf I. eine maurische Burg erbaut und mit der Alcazaba durch einen befestigten Weg verbunden.

Heute erreicht man den Gibralfaro von der Innenstadt entweder auf der Fahrstraße (Calle de la Victoria – Camino Nuevo), die um die Nordseite des Hügels herumführt, oder auf einem sehr schönen Fußweg, der sich am Südhang hinaufwindet.

Von den Resten der alten Burg ist vor allem die guterhaltene Ringmauer zu erwähnen, auf der man rund um das ganze Festungsgebiet gehen kann, von der halbkreisförmigen Torre Blanca hat man einen herrlichen Ausblick auf die Stadt, den Hafen und die Berge (geöffnet von Sonnenaufgang bis Sonnenuntergang).

In der Nähe der Burg liegt das staatliche «Parador Hotel de Gibralfaro» mit schöner Terrasse.

Wer nach der Besichtigung dieser wichtigsten Sehenswürdigkeiten noch über Zeit verfügt, kann zunächst einige interessante Kirchen besuchen:

Santa María de la Victoria [7] ist die Kirche der Schutzpatronin der Stadt. Hier stand in der letzten Phase der Belagerung (1487) das Zelt König Ferdinands. Der reichverzierte Barockaltar ist von Lurinzaga (1695). Beachtenswert ist auch die Krypta mit den Gräbern der Grafen von Buenavista (geöffnet täglich 10.30 bis 13 und 15.30 bis 19 Uhr).

Iglesia de Santiago [8], mit mudejarischem Turm von 1545 (geöffnet täglich 7 bis 11 Uhr, ferner im Sommer 18 bis 21, im Winter 17 bis 20 Uhr).

An der Plaza de la Merced steht das Haus (Nr. 15), in dem 1881 der berühmte Maler Pablo Picasso geboren wurde.

Santo Cristo [9], Calle Compañia, mit dem Grab des großen Bildhauers Pedro de Mena, gestorben 1688 (geöffnet täglich 7 bis 11 und 17 bis 20 Uhr).

Beachtenswert sind ferner:

Puerta de Atarazanas [10], das 64 Meter hohe Portal der einstigen maurischen Schiffswerft. Heute bildet es den Haupteingang in die Markthalle.

Stadtplan von *Málaga, einem der wichtigsten Häfen an der spanischen Mittelmeerküste*

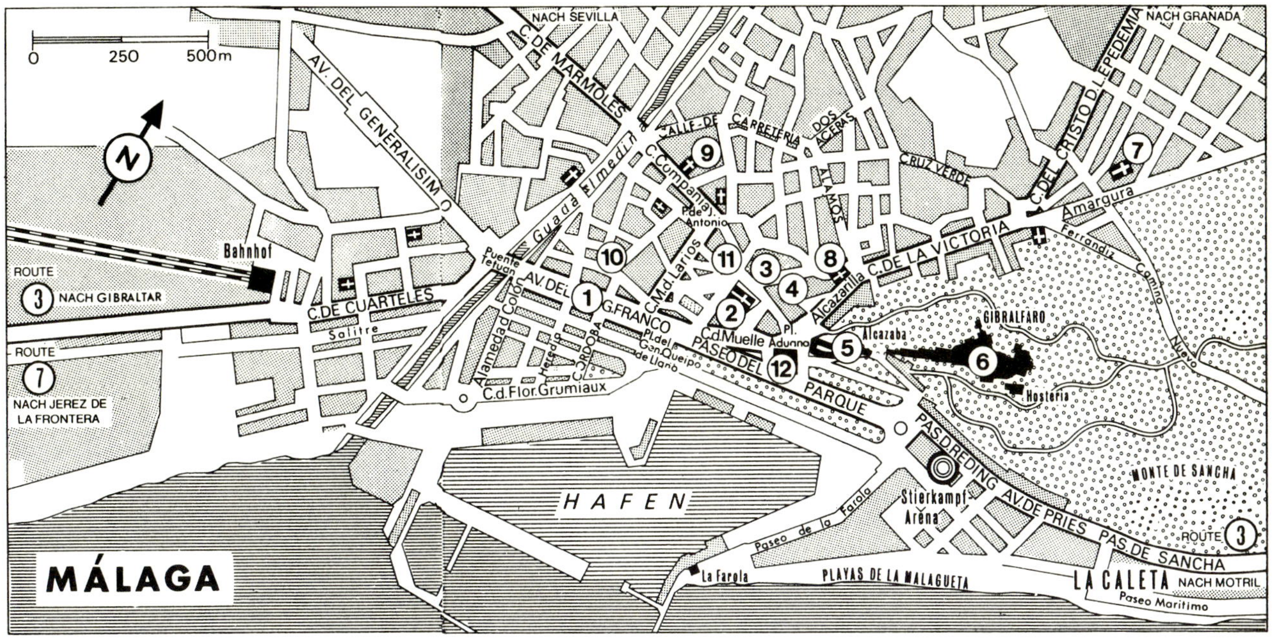

Bischofspalast [11] (Palacio Episcopal), an der Plaza del Obispo, mit schöner Barockfassade.

Aduana [12] («Zollamt»), 1787 als Tabakfabrik begonnen und 1829 vollendet.

Im Osten, an der nach Almería führenden Straße, schließt sich an die Innenstadt das Viertel La Caleta an, in dem die meisten (und besten) Hotels liegen. Schöne Seepromenade (*Paseo Marítimo*).

Verkehrsverbindungen

Mit der Eisenbahn nach Bobadilla-Córdoba (-Madrid/Sevilla)/Granada/Algeciras; Ronda Antequera, Torremolinos-Fuengirola, Vélez Málaga; Rincón de la Victoria; Torre del Mar.

Mit dem Autobus nach Algeciras, Almería, Cueva de Nerja, Granada, La Línea, Marbella, Motril, Ronda, Sevilla, Torremolinos.

Mit dem Schiff nach Alicante-Valencia-Barcelona, Barcelona (direkt), Melilla (Marokko).

Mit dem Flugzeug (Flughafen 8 km außerhalb) nach Madrid, Valencia, Sevilla, Melilla, Tanger, Kanarische Inseln; internationale Verbindungen.

Informationen

Calle de Marqués de Larios 5. Touring Club: Cañón 1.

Sevilla

(8 m ü. d. M.; 640 000 Einw.) ist die Hauptstadt Andalusiens und die viertgrößte Stadt Spaniens. Der schiffbare, durch Kanäle verkürzte Guadalquivir verbindet es mit dem Meer.

Dem Fremden wird sofort das sehr südländische Leben und Treiben in den Straßen auffallen, der höchst malerische Charakter dieser andalusischen Stadt, die vielen berühmten Opern (wie Mozarts «Don Juan» und «Figaros Hochzeit», Rossinis «Barbier von Sevilla» und Bizets «Carmen») den Rahmen gab.

Das besonders heiße Klima Sevillas hat viele schöne Patios entstehen lassen, mit Pflanzen und einem kleinen Springbrunnen geschmückte Innenhöfe, in denen die Bewohner während der Sommermonate einen großen Teil ihrer Zeit verbringen.

Am typischsten ist das Stadtviertel Santa Cruz, das sich längs der Mauern des Alcázar erstreckt, nahe dem Wahrzeichen der Stadt, der Giralda, dem Turm der Kathedrale. Die engen Straßen säumen saubere weiße Häuser mit vergitterten, blumengeschmückten Fenstern. Unterlassen Sie es nicht, einen abendlichen Rundgang oder eine Rundfahrt durch Santa Cruz zu machen!

Zweimal im Jahr ist Sevilla ein einziger riesiger, lärmender Festplatz: in der Osterwoche, der «Semana Santa», und während der «Feria» (Ende April). Dann kommen Zehntausende von Gästen aus ganz Spanien und dem Ausland nach Sevilla. Die Osterwoche wird von großen farbenprächtigen Prozessionen geprägt, und während der Feria gibt es den ganzen Tag Tanz und Musik.

Geschichte

Das von den Iberern gegründete «Hispalis» wurde 45 v. Chr. von Cäsar erobert, der es «Colonia Julia Romula» nannte. Auf die Römer folgten die Wandalen (426) und die Westgoten (441), die es zu ihrer Residenz machten.

Sevillas Glanzzeit begann nach der Einnahme durch die Mauren (712). Die Stadt dehnte sich weit über die bisherigen Mauern aus, und herrliche Paläste mit paradiesischen Gärten entstanden. Nach dem Ende des Kalifats von Córdoba (1031) war es sechzig Jahre lang die Hauptstadt eines unabhängigen maurischen Königreichs, zu dem auch Córdoba gehörte.

Unter den Dynastien der Almoraviden und Almohaden verlor Sevilla als Zentrum Südspaniens kaum an Bedeutung und gewiß nicht an Glanz. Von dem Almohaden Abu Jakub Jussef wurde 1184 bis 1196 die herrliche Giralda als Minarett der neuen Hauptmoschee errichtet.

1248 konnte der kastilische König Ferdinand III. der Heilige die Stadt den Christen zurückgewinnen. Noch heute deuten die Namen vieler Straßen darauf hin, wie der König diese auf seine Ritter und die verschiedenen Zünfte verteilte. Der König selbst residierte im Alcázar, der alten maurischen Königsburg, wo er auch starb (1252).

Am volkstümlichsten von allen kastilischen Königen aber ist in Sevilla noch heute Peter (1350-1369), den einige den «Grausamen», andere den «Gerechten» nennen. – Königin Isabella I. empfing hier Kolumbus nach der Rückkehr von seiner zweiten Amerikareise. In der Folgezeit war Sevilla drei Jahrhunderte lang der wichtigste Hafen des Landes. Lange befand sich hier auch die Verwaltung der riesigen überseeischen Gebiete Spaniens. – Die großen Maler Velázquez und Murillo wurden in Sevilla geboren.

Sehenswürdigkeiten

(Die Zahlen in eckigen Klammern decken sich mit den auf dem Stadtplan eingezeichneten.)

Im Mittelpunkt der Altstadt erhebt sich die mächtige *Kathedrale* [1], die von vielen als die schönste Kirche Spaniens angesehen wird. Ihr berühmter Turm, die *Giralda* (1184), ist das Wahrzeichen der Stadt. Der barocke Aufbau mit der Statue des Glaubens (*Giraldillo*) stammt von 1568.

Die 1402 bis 1506 an der Stelle der arabischen Hauptmoschee errichtete Kathedrale zählt zu den größten und eindrucksvollsten gotischen Domen, die es gibt: der Innenraum wird an Größe nur von denen der Peterskirche in Rom und der Saint Paul's Cathedral in London übertroffen. (Die in eckige Klammern gesetzten großen Buchstaben decken sich mit den auf dem Grundriß eingezeichneten.)

Die Kathedrale weist neun Portale auf, von denen indessen die meisten heute geschlossen sind. An der Westfassade befindet sich die Puerta Mayor [A], flankiert von der Puerta del Bautismo [B] und der Puerta del Nacimiento [C], die beide mit Terrakottafiguren verziert sind. An der Südseite verdient die riesige Puerta de San Cristóbal (1895) [D] besondere Beachtung. Die beiden Portale der Ostseite, die Puerta de las Campanillas [E] und die Puerta de los Palos [F], beide 1522, weisen schöne Giebelreliefs von Miguel Perrín auf. An der Nordseite endlich verbinden drei Portale die Kathedrale mit dem «Orangenhof» [G] und dem Sagrario [H]: die Puerta del Lagarto [I], die Puerta de los Naranjos [J] und die Puerta del Sagrario [K].

Besichtigung

Wir beginnen die Besichtigung der Kathedrale an der Puerta del Perdón [L], an der Nordseite des Orangenhofes. Das aus maurischer Zeit stammende, aber später im plateresken Stil ausgeschmückte «Tor der Vergebung» bildet den Hauptzugang zur Moschee. Dahinter öffnet sich der stimmungsvolle Patio de los Naranjos [G], der Orangenhof, in dem die Moslems die vom Koran vorgeschriebenen Waschungen vornahmen. Hier hat man einen besonders schönen Blick auf die Giralda [M]. Der Brunnen des Hofes hat ein Becken aus westgotischer Zeit. An der Ostseite des Hofes ist die Biblioteca Colombina, die «Kolumbus-Bibliothek», untergebracht, mit kostbaren Werken über die Entdeckung Amerikas.

Wir verlassen den Orangenhof an seiner Südostecke, gehen um die Giralda [M] herum und gelangen durch die Puerta de los Palos [F] ins Innere der Kirche. (Außerhalb der Gottesdienste geöffnet täglich 10.20 bis 13 Uhr, ferner im Sommer 16 bis 19, im Winter 9 bis 12.45 und 15 bis 17.30 Uhr.)

Der Innenraum ist schon durch seine Größe außerordentlich eindrucksvoll: Er ist 116 Meter lang, 76 Meter breit, in den Schiffen 40 Meter und in der Vierung 56 Meter hoch. 40 mächtige gotische Säulen teilen ihn in sieben Schiffe und tragen 69 Gewölbe. Zwischen dem 16. und dem 19. Jahrhundert wurde die Kathedrale mit zum Teil prachtvollen farbigen Fenstern geschmückt; die schönsten stammen von Cristóbal Alemán (1504) und Arnao de Flandes (1525-1557).

Wir gehen im Uhrzeigersinn an den Kapellen entlang, die den Kirchenraum säumen, und kommen zunächst in die Capilla Real [N], einen 1551 bis 1575 im plateresken Stil aufgeführten Kuppelbau: links das Grab Alfons' X. des Weisen, rechts das seiner Mutter Beatrix von Schwaben, Gemahlin Ferdinands des Heiligen, dessen Schrein in der Apsis steht, und dahinter die aus dem 13. Jahrhundert stammende «Jungfrau der Könige», die Schutzpatronin von Sevilla. In dem links anschließenden Raum werden Teile des Kirchenschatzes aufbewahrt.

Weitere Teile davon sind in der Südostecke der Kirche in mehreren Räumen ausgestellt: in der ovalen Sala Capitular [O] von 1530, in der herrlichen Sacristía Mayor [P] nach 1550 (u. a. ein Gemälde «Abnahme vom Kreuz» von Pedro de Campaña, eine riesige Prozessionsmonstranz und ein mächtiger Bronzeleuchter) und in der Sacristía de los Cálices [Q], Kruzifix von Montañés, Werke von Goya, Schonhauer etc.).

An der Südseite des Kirchenraumes verdienen ferner Beachtung: das Grabdenkmal des Kolumbus [R], 1892; seine Asche wurde 1894 aus Havanna hierher überführt, in der Capilla de la Antigua [S] eine Ikone aus dem 14. Jahrhundert, in der Capilla de San Hermenegildo [T] das Alabastergrabmal des Kardinals Don Juan de Cervantes. Von den Kapellen an der Nordseite erwähnen wir die Taufkapelle [U] mit einem «Heiligen Antonius» von Murillo (1656). (Daneben führt die Puerta del Sagrario [K] in das Sagrario [H], die von 1618 bis 1662 im barocken Stil erbaute Pfarrkirche.)

Im Mittelteil der Kathedrale steht der Coro [V] mit gotischem Chorgestühl von Dancart (1479), einem Gitter von 1519 und der Capilla Mayor [W], ebenfalls mit einem sehr schönen Gitter aus dem 16. Jahrhundert und vor allem einem riesigen geschnitzten Retablo (1482-1564), der als ein Meisterwerk der spanischen Gotik gilt (ebenfalls von Dancart).

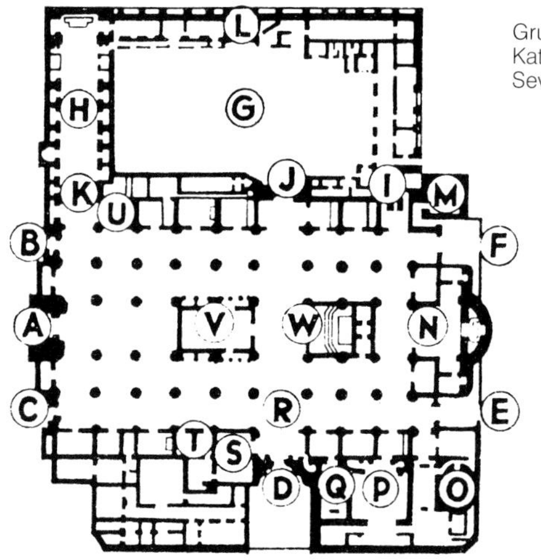

Grundriß der Kathedrale von Sevilla

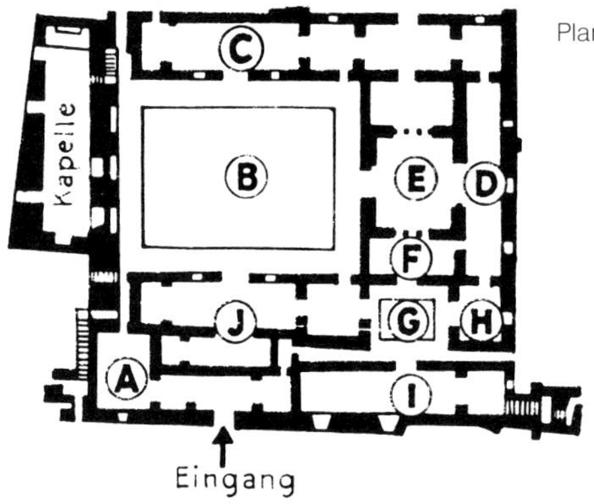

Plan des Alcázar

Besonders gegen Abend empfiehlt es sich, den Besuch der Kathedrale mit der Besteigung der *Giralda* [M] zu beenden. Der (heute 93 m hohe) Turm wurde – wie bereits eingangs erwähnt – 1184 bis 1196 als Minarett der Hauptmoschee errichtet. Wegen ihrer Schönheit ließ man die Giralda beim Bau der Kathedrale stehen. 1568 wurde sie durch eine Glockenstube im Stil der Renaissance erhöht. Von der ersten Galerie bietet sich ein prächtiger Blick über die Stadt und ihre Umgebung. (Gleichzeitig mit der Kathedrale geöffnet.)

Von der östlich der Kathedrale gelegenen Plaza de la Virgen de los Reyes mit dem schönen *Erzbischofspalast* [2] wenden wir uns nun nach Süden zur Plaza del Triunfo mit einem Denkmal zur Erinnerung an das Erdbeben von Lissabon (1758), bei dem die Sevillaner mit dem Schrecken davonkamen. An der Südwestseite des Platzes steht die *Börse* [3] (Casa Lonja). Der strenge Bau wurde von 1584 bis 1598 von Juan de Herrera, dem Architekten des Escorial, im Stil der Hochrenaissance errichtet. Hier wollte König Philipp II. die Händler der Stadt von den Vorhöfen der Kathedrale fernhalten. Heute befindet sich hier unter anderem das 1781 gegründete Archivo General de Indias («Generalarchiv von Indien»), eine einzigartige Sammlung von Dokumenten über die Entdeckung, Eroberung und Verwaltung von Süd- und Mittelamerika (geöffnet täglich 9 bis 13 Uhr).

Wenige Schritte bringen uns von hier zum Eingang in den *Alcázar* [4], die alte maurische Königsburg, die von den christlichen Königen erweitert und häufig als Residenz benutzt wurde. Der heutige Bau wurde im wesentlichen unter König Peter dem Grausamen von maurischen Architekten aufgeführt. (Geöffnet im Sommer 9 bis 12.45 und 16 bis 19 Uhr, im Winter 9 bis 12.45 und 15 bis 17.30 Uhr.)

Wir betreten den Alcázar durch die Puerta del León («Löwentor»); ihr Name stammt von der darüber befindlichen Darstellung eines Löwen aus bemalten Keramikplatten. Die Festungsmauern stammen zum größten Teil von dem im 12. Jahrhundert unter den Almohaden entstandenen Bau.

Über den «Jagdhof», in dem die Begleitung des Königs vor Beginn einer

Jagd auf ihren Monarchen wartete, und durch ein dreibogiges Tor kommen wir in den weiten «Löwenhof», dessen Name auf die hier in Käfigen gehaltenen Löwen zurückgeht. Vor uns liegt der «Palast König Peters» mit seiner herrlichen Fassade.

Wir wenden uns zunächst – am Ende des Hofes – nach rechts in die «Admiralsräume», den Schauplatz wichtiger Ereignisse der spanischen Geschichte. Von hier wurden unter anderen Balboa und Magalhäes zu ihren Expeditionen ausgesandt; hier wurde Kolumbus nach seiner zweiten Amerikareise von Isabella I. empfangen; hier schuf die Königin 1503 das «Vertragshaus für Indien», eine weltumspannende Organisation, die dem Handel mit den neuentdeckten Ländern diente.

Von der Ausschmückung der Räume erwähnen wir: in der ehemaligen Kapelle des «Vertragshauses» das Gemälde «Die heilige Jungfrau der Seefahrer» (um 1540) von Alejo Fernández mit den (nicht eindeutig zu identifizierenden) Personen, die an der Entdeckung Amerikas beteiligt waren, darunter Ferdinand II., Karl V. und ganz links Kolumbus, und einer Darstellung der damals verwendeten Schiffstypen.

Neben den Admiralsräumen führt eine Treppe in das Obergeschoß, das heute nicht mehr besichtigt werden kann. Es ist für König Juan Carlos und seine Familie reserviert.

Vom Löwenhof gehen wir nun durch das prachtvolle Portal, das vielleicht die reifste Leistung des mudejarischen Stils in Spanien bildet, in den Palast König Peters. (Die in eckige Klammern gesetzten großen Buchstaben decken sich mit den auf dem Grundriß eingezeichneten.)

Durch einen gewinkelten Gang [A] mit vier schönen Säulen kommen wir in den besonders eindrucksvollen Patio de las Doncellas [B] («Hof der Mädchen»). 52 schlanke, zu Paaren zusammengefaßte Marmorsäulen tragen höchst kunstvolle maurische Fächerbogen mit durchbrochenen Oberwänden. Drei Portale führen von hier in die Räume des Palastes.

Wir beginnen unseren Rundgang im Norden des Mädchenhofes mit dem Salón de Carlos V [C], der seinen Namen von der unter Karl V. eingefügten, aus dunklem Zedernholz geschnitzten Kassettendecke hat. Den oberen Teil der Wände schmücken kostbare flämische Gobelins, die den tunesischen Feldzug Karls V. (1535) darstellen. – Geht man dort rechts, so gelangt man durch drei kleinere Räume in den Salón con Techo de Felipe II [D]; sein Name rührt von der schönen Decke her, die während der Herrschaft Philipps II. von Juan de Simancas geschnitzt wurde.

Von der Mitte dieses Saales kommt man durch einen dreibogigen Durchgang in die Sala de Embajadores [E] («Botschaftersaal»), deren einzigartige Ausschmückung den künstlerischen Höhepunkt des Palastes bildet. Besonderer Erwähnung bedarf hier die prachtvolle holzgeschnitzte Kuppel von 1420.

Wir wenden uns nach links und gelangen durch die Sala de Felipe II [F] in den kleinen, sehr stimmungsvollen Patio de las Muñecas [G] («Puppenhof»), der den Mittelpunkt des Privatlebens im Palast bildete. (Der obere Teil ist modern.)

Von dem «Puppenhof» kommt man in die Sala de los Reyes Católicos [H] («Saal der Katholischen Könige»), den Salón del Principe [I] («Prinzensaal») mit drei besonders schönen Holzdecken und das Dormitorio de los Reyes Moros [J] («Schlafgemach der maurischen Könige»).

Wir verlassen jetzt den Palast König Peters, gehen zurück in den Löwenhof und wenden uns nach rechts in den «Palast Karls V.», der sich erheblich von dem übrigen Alcázar unterscheidet: Einige Teile zeigen noch deutlich den Stil der spanischen Gotik um 1300, sind also älter als der Palast König Peters; andere Teile wurden erst im 18. Jahrhundert geschaffen.

Wir betreten den Palast Karls V. durch einen hübschen, nach María de Padilla, der Geliebten Peters des Grausamen, benannten Hof. Der aus der Zeit der Gotik stammende Teil enthält vor allem zwei sehr sehenswerte Räume:

Im ersten hängen Gobelins von 1554, die zu den bedeutendsten dieser Zeit zählen und auf denen die Einnahme von Tunis durch Karl V. dargestellt ist; in dem rechtwinklig daran anschließenden zweiten Raum blieb der Charakter eines gotischen Saales besonders gut erhalten.

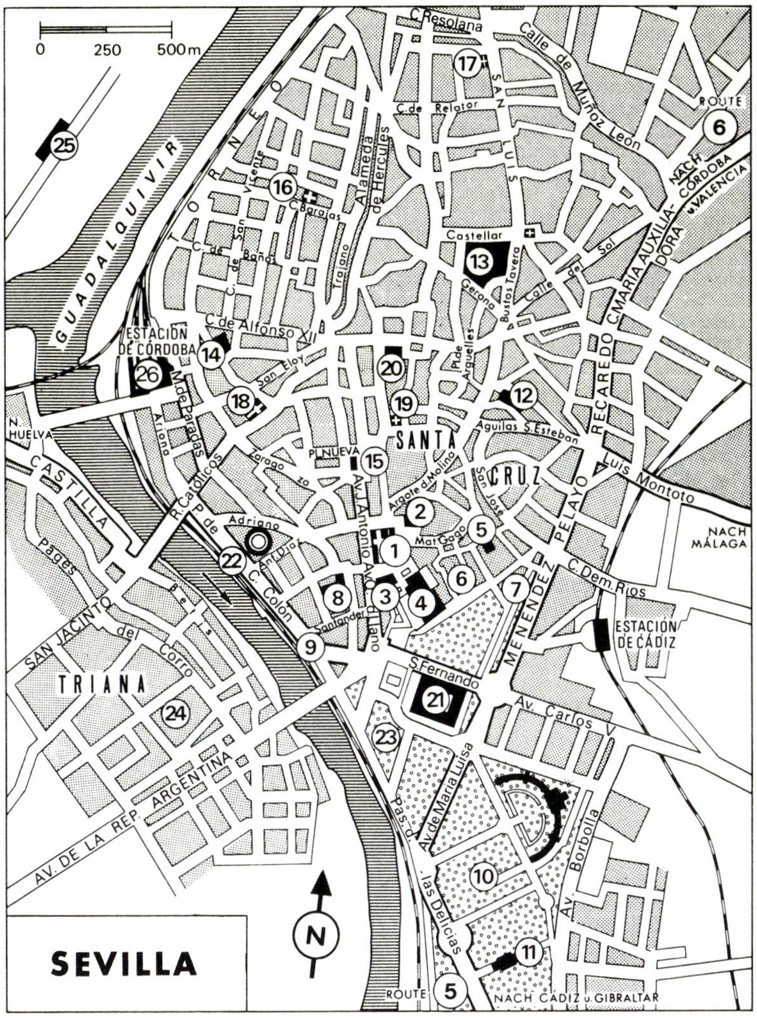

Versäumen Sie nicht, von hier aus einen Spaziergang durch die herrlichen Gärten des Alcázar zu machen! Die durch eine Grottenwand in zwei Hälften geteilte Anlage weist unter anderem unterirdische Badeanlagen und den «Pavillon Karls V.» (1540) auf.

Anschließend an den Besuch von Kathedrale und Alcázar empfiehlt sich ein Rundgang oder eine Rundfahrt durch Sevillas typischstes Stadtviertel, den

Barrio Santa Cruz [5], das einstige Getto. Dieses Gewirr von engen Gassen und stillen Plätzen sollte man ohne festen Plan durchstreifen: Überall wird man hübsche Höfe, malerische Winkel und reizvolle Durchblicke entdekken. Hier lebte und arbeitete Murillo, und irgendwo in der Nähe der Plaza de Santa Cruz ist er an unbekannter Stelle begraben. – Das

Hospicio de los Venerables Sacerdotes [6] hat einen der schönsten barocken Innenhöfe der Stadt und eine besuchenswerte Barockkirche (geöffnet täglich 10 bis 14 und 16 bis 20 Uhr).

An den Barrio Santa Cruz schließen sich im Südosten die stimmungsvollen

Jardines de Murillo [7] («Murillo-Gärten») an, die erst in diesem Jahrhundert von den Gärten des Alcázar abgetrennt wurden.

Bei beschränkter Zeit sollten außer den bisher beschriebenen Sehenswürdigkeiten zumindest noch die folgenden besucht werden:

Hospital de la Caridad [8], Calle Temprano (geöffnet ganzjährig 9.30 bis 13 und 15.30 bis 19 Uhr). Der schöne Bau wurde 1661 von dem Edelmann Don Miguel de Mañara gestiftet, der vielen als das Urbild des «Don Juan» gilt. Die Kirche, die einige hervorragende Kunstwerke enthält, betreten wir durch einen Seiteneingang und betrachten zunächst zwei ungemein eindrucksvolle Gemälde von Valdés Leal: vor uns, das heißt links vom Haupteingang, «In ictu oculi» mit der Figur des Todes, der die Sinnbilder menschlichen Ruhmes mit Füßen tritt, und hinter uns «Finis gloriae mundi» mit den verwesenden Leichen eines Prälaten und des Stifters Mañara.

An den Längsseiten befinden sich Szenen auf Fliesen nach Vorlagen von

Murillo: links «San Juan de Dios» und «Moses schlägt Wasser aus dem Felsen», rechts «Die heilige Isabella heilt die Aussätzigen» (vorn) und «Vervielfältigung der Brote und Fische» (zwischen diesen beiden Bildern ein anonymer «Ecce-Homo»). Beachtung verdient endlich das herrliche Altarbild «Begräbnis Christi» von Pedro Roldán (17. Jh.).

Torre del Oro [9] («Goldturm»). Sein maurischer Unterteil stammt von 1120; damals war er mit den Festungsmauern des Alcázar verbunden. Der Oberbau ist von 1760. Der Name rührt von den vergoldeten Kacheln her, mit denen der Turm einst verkleidet war. Heute ist darin das Schiffahrtsmuseum untergebracht.

Parque de María Luisa [10] («Maria-Luisa-Park»). In diesem prächtigen großen Park stehen noch die für die «Ibero-Amerikanische Ausstellung» (1929 bis 1930) errichteten Bauten. In einem davon das

Archäologische Museum [11]. In ihm sind zahlreiche in der Umgebung von Sevilla gemachte Funde untergebracht, beispielsweise die in Italica entdeckten Skulpturen der «Diana» und der «Venus» und eine Statue des «Hermes» (geöffnet Di bis Sa 10 bis 14, 16 bis 19 und So 10 bis 14 Uhr).

Casa de Pilatos [12] («Haus des Pilatus»). Dieser wohl schönste Privatpalast der Stadt steht an der Kreuzwegstation des Hauses des Pontius Pilatus in Jerusalem. Der Bau entstand im 16. Jahrhundert als eine sehr reizvolle Mischung von mudejarischen, gotischen und Renaissance-Bauelementen. Beachtenswert sind unter anderem der Hof mit antiken Statuen, die mit herrlichen Fliesen verkleideten Treppen, das «Prätorium», der Salón de los Jueces («Saal der Richter») und die Sala de las Fuentes («Saal der Springbrunnen»).

(Geöffnet täglich 10 bis 13 und 15 bis 19 Uhr, auch an Feiertagen.)

Casa de las Dueñas [13] («Haus der Herrinnen») an der Calle de las Dueñas, der Palast der Herzöge von Alba. Der Bau zeigt mudejarische und platereske Stilmerkmale, und vor allem der Innenhof, die Kapelle und einige Gemächer lohnen einen Besuch. (Besichtigung – bei Abwesenheit der Eigentümer – täglich, außer zwischen 13 und 16 Uhr.)

Museo de Bellas Artes [14] (Kunstmuseum) an der Plaza del Museo. In dem 1612 vollendeten Klosterbau Convento de la Merced befindet sich jetzt eine sehr sehenswerte Gemäldegalerie (geöffnet Di bis Sa 10 bis 14, 16 bis 19 Uhr; sonntags am Vormittag).

Die Gemälde sind nur zum Teil beschriftet; wir geben daher bei den wichtigsten Bildern, die wir nachstehend nennen, jeweils in Klammern die Nummern an, die auf den Rahmen verzeichnet sind.

Vom ersten Hof kommen wir zunächst in den «Saal der Primitiven» mit einem Triptychon (5) von Frutet, einem «Jüngsten Gericht» (2) von Martín de Vos und einem anonymen Triptychon (22). Vom zweiten Hof gehen wir dann in den «Saal des Valdés Leal» mit hervorragenden Bildern des großen Malers (1622-1690: unter anderem «Unbefleckte Empfängnis» (37), «Angriff der Sarazenen» (38), «Heilige Klara» (43), «Die Versuchungen des heiligen Hieronymus» (58) und «Weg nach Golgatha» (59).

Im folgenden Saal finden wir unter anderem die «Abfahrt des heiligen Petrus Nolascus» (85) von Francisco Pacheco (1564-1654), im anschließenden Saal ein «Abendmahl» (145) von Pablo de Céspedes (1538-1608).

Die bedeutendsten Bilder aber hängen in der ehemaligen Klosterkirche (rechts vor dem Eingang in einem kleinen Raum das «Porträt des Jorge Manuel Theotocópoli» von El Greco). Im linken Teil und in der Mitte der Kirche befinden sich 24 Gemälde von Zurbarán, darunter mehrere Darstellungen des «Gekreuzigten Christus» (vor allem: 166) und die «Apotheose des heiligen Thomas von Aquino» (154), im rechten Teil der Kirche 25 Bilder von Murillo, davon mehrere Darstellungen der «Unbefleckten Empfängnis» (196, 197, 202, 204), die «Madonna mit dem Mundtuch» (Madonna de la Servilleta, 205), «Heiliger Felix von Cantalicio» (192, 194), «Heiliger Petrus Nolascus» (193), «Heilige Justa und Rufina» (197), «Vision des heiligen Franziskus» (203), «Heiliger Thomas von Villanueva» (201) und «Heilige Leander und Buonaventura» (206).

Rathaus [15] (Ayuntamieto). An dem stattlichen Bauwerk (1527-1571) verdient vor allem der reichverzierte platereske Südostteil Beachtung. Er wurde nach den Plänen von Diego de Riaño errichtet.

Wir nennen nun noch einige besuchenswerte Kirchen:

San Lorenzo [16] mit schönem Hauptaltar von Martínez Montañés und dem von der Bevölkerung sehr verehrten Christusbild «Nuestro Padre Jesús del Gran Poder» von Juan de Mesa (1620).

San Gil [17] mit dem vielverehrten Madonnenbild «Virgen de la Macarena» (geöffnet täglich 9 bis 13 und 17 bis 21 Uhr. Besichtigung der Schatzkammer möglich). – In der Nähe, bei der Puerta Macarena, ist ein Teil der auf römischen Fundamenten ruhenden maurischen Stadtmauer sichtbar.

Santa María Magdalena [18], Calle San Pablo. Die ehemalige Klosterkirche der Dominikaner ist eines der schönsten Barockwerke der Stadt. Der Innenraum birgt einige wertvolle Skulpturen und Gemälde von Zurbarán; bemerkenswert die Mudejar-Kuppel.

El Salvador [19] («Der Erlöser») in der Nähe der Calle de las Sierpes, der Hauptgeschäftsstraße der Stadt. Anstelle einer Moschee baute man diese Barockkirche, die 1712 geweiht wurde; ihr prachtvoller Innenraum stellt den Höhepunkt des Rokokostils in Sevilla dar. Besondere Aufmerksamkeit verdienen die beiden Christusstatuen von Juan de Mesa und Montañés.

Mit dieser Auswahl aus der großen Zahl schöner Sevillaner Kirchen müssen wir uns hier begnügen. Wir nennen Ihnen zum Abschluß noch einige andere Sehenswürdigkeiten:

Universität [20] (Universidad), gegründet 1502, mit schönen Innenhöfen und einer besuchenswerten Kirche (1565-1578; u. a. Statuen von Montañés).

Neue Universität [21] (Nueva Universidad). Der mächtige Bau wurde 1747 bis 1757 als Tabakfabrik errichtet. Hier (und an der flußaufwärts gelegenen Stierkampfarena [22]) spielt die von Bizet vertonte Geschichte von «Carmen, José und Escamillo».

Palacio de San Telmo [23]. Der 1692 als Seemannsschule aufgeführte Bau dient jetzt als Priesterseminar. Beachtenswert ist das große Barockportal in der Westfassade von 1734.

Triana [24]. Diese Vorstadt am westlichen Ufer des Guadalquivir ist von jeher das Viertel der Töpfer, und hier werden die Azulejos, die berühmten bemalten Keramikfliesen, angefertigt.

Italica, sieben Kilometer, die N 630 nördlich nach Santiponce: Hier liegt die ehemalige römische Stadt mit Amphitheater, Mosaiken etc.

Verkehrsverbindungen

Mit der Eisenbahn: Die Hauptlinie Madrid-Málaga mit dem Bahnhof *San Bernardo* [25] (auch: Estación de Cádiz) führt im Osten an der Stadt vorbei. Der Kopfbahnhof *Plaza de Armas* [26] (auch: Estación de Córdoba) dient nur in Sevilla beginnenden beziehungsweise endenden Zügen und Kurswagen.

Abfahrt von Plaza de Armas nach Córdoba-Madrid und Huelva, von San Bernardo nach Cádiz, Algeciras, Málaga und Granada.

Mit dem Autobus nach Algeciras, Cádiz, Córdoba, Granada, Ronda, Valencia; ferner nach Alcalá de Guadaira, Almadén, Aracena, Arcos de la Frontera, Ayamonte, Mérida, Riotinto, Santiponce.

Mit dem Flugzeug nach Madrid, Valencia-Barcelona, Málaga, Kanarische Inseln.

Stadtrundfahrten

1. Kathedrale, Alcázar und Barrio Santa Cruz: täglich vormittags, drei Stunden.
2. Maria-Luisa-Park, Macarena, Casa de Pilatos, Hospital de la Caridad, Torre del Oro und Stadtteil Triana (mit Keramikfabrik): werktäglich nachmittags, drei Stunden.
3. «Sevilla bei Nacht»: werktäglich abends.

Informationen

Avenida de la Constitución 21, Tel. 22 89 90 / 22 97 53.

Route 1: Motril – Málaga – Gibraltar (243 km)

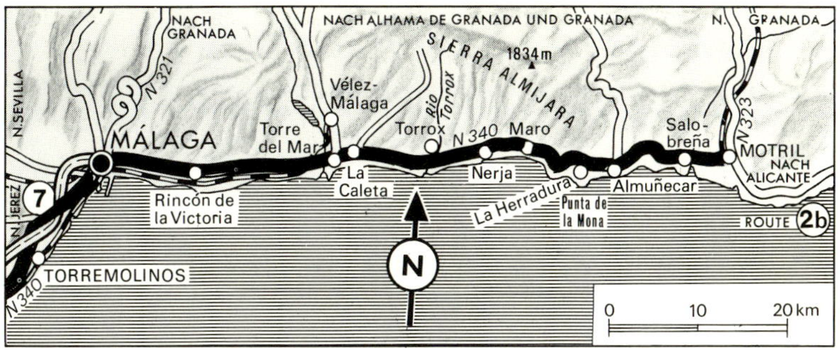

Die hier beschriebene Strecke gehört zu den klassischen Touristenrouten Spaniens. Dieser Küstenabschnitt, der als Costa del Sol («Sonnenküste») in den letzten Jahren auch bei uns bekannt geworden ist, hat ein ganz besonders mildes und ausgeglichenes Klima: Die Gebirgskette, die sich von Alicante nach Gibraltar zieht, schützt die Küste vor der Kälte des Binnenlandes. An der teils sandigen, teils felsigen Küste bezaubert den Besucher eine oft ganz tropisch wirkende Vegetation mit den verschiedenartigsten Bäumen und Pflanzen. Überall entstehen neue Hotels, Pensionen, Bungalows und Campingplätze, und ständig steigt die Zahl der Ausländer, die hier in idealer Umgebung Ruhe und Erholung suchen.

Wir verlassen Motril in westlicher Richtung auf der Straße N 340. Sie durchzieht zunächst eine Ebene mit Zuckerrohrplantagen und erreicht dann

Salobreña (8700 Einw., 7 km), ein reizvoll auf einem Felsen gelegenes Städtchen, mit den Resten einer maurischen Burg und einer alten Stadtmauer.

Dann geht es bergab und bergauf nach

Almuñecar (14 000 Einw., 22 km), das ebenfalls sehr malerisch in einer fruchtbaren Gegend liegt. Beachtung verdienen die Reste eines römischen Aquäduktes, die maurische Burgruine und die Grotte «De los Palacios». Wegen seines milden Klimas und der schönen Sand- und Kiesstrände wird der Ort gern besucht.

Nun folgt ein besonders schöner Streckenabschnitt: Kurvenreich zieht die Straße hoch über dem Meer an den Hängen der Sierra Almijara entlang. Auf der Punta de la Mona sind sehr moderne Landhäuser entstanden. Das Fischerdorf La Herradura verfügt über einen prächtigen Strand. Bei Maro gibt es einsame Felsbuchten und Strände.

Nerja (9000 Einw., 56 km) liegt hübsch an einem Felshang. Einen berühmten Blick auf Meer und Gebirge genießt man von dem Aussichtspunkt «Balkon Europas». Besuchenswert ist die prähistorische Höhle «Cueva de Nerja».

Dann überquert die Straße den Río Torrox; etwas rechts abseits das Gebirgsdorf Torrox, das römischen Ursprungs ist. Über das Fischerdorf La Caleta kommen wir nach

Torre del Mar (7500 Einw., 77 km), einem hübschen kleinen Hafen- und Badeort mit schönem Strand.

Empfehlenswert ist ein Abstecher nach der vier Kilometer nördlich gelegenen alten Maurenstadt Vélez-Málaga (30 000 Einw.), die von einer maurischen Burgruine überragt wird. Von hier führt die Straße (C 335/C 340) sehr kurvenreich und mit schönen Ausblicken über Alhama de Granada weiter nach Granada.

Unsere Straße (N 340) folgt weiter der Küste und passiert

Ricón de la Victoria (5500 Einw., 95 km), ein idyllisch gelegenes Fischerdorf mit drei Kilometer langem Sandstrand.

An mehreren vielbesuchten Stränden vorbei geht es nun weiter nach Málaga (107 km).

Westlich von Málaga liegen die bekanntesten Badeorte der Costa del Sol: Torremolinos, Fuengirola, Marbella und Estepona.

Die Straße N 340 durchzieht die fruchtbare Vega von Málaga, passiert den Flugplatz (Autobusverbindung mit Málaga und den wichtigsten Orten der Costa del Sol), überquert den Río Guadalhorce und erreicht

Torremolinos (15 000 Einw., 121 km – 14 km von Málaga), den international bekannten Fremdenort am Fuß der Sierra de Mijas, mit schönem Sandstrand, vielen großen Hotels und modernen Landhäusern. Während der Saison werden zahlreiche Häuser, Etagen und Appartements vermietet. Am elegantesten ist der westlich an das alte Torremolinos anschließende Vorort Montemar. Mit Málaga besteht viertelstündlicher Autobusverkehr. Außerdem führen mehrere Reisebüros Auto- und Autobusausflüge in die nähere und weitere Umgebung durch. Wir geben Ihnen als Anhaltspunkt das Programm eines dieser Reisebüros:

1. Granada, ganztägig. 2. Ronda, ganztägig. 3. Gibraltar, ganztägig. 4. Tanger (Flugreise), ganztägig. 5. Tanger (Schiffsreise ab Gibraltar), zweitägig. 6. Sevilla, zweitägig. 7. Málaga, halbtägig. 8. Mijas, halbtägig. 9. Nerja, halbtägig. 10. Rundfahrt über Coín, Marbella und Fuengirola, halbtägig.

Informationen: Bajos de la Nogalera.

Hinter Torremolinos liegt rechts abseits der Straße das hübsche **Benalmádena** (2000 Einw., 130 km – 23 km von Málaga). Zu dem Ort gehört auch ein drei Kilometer langer Sandstrand mit Hotels.

Dann passiert die Straße Carvajal und erreicht

Fuengirola (13 000 Einw., 138 km – siehe Karte unten), einen von Feldern umgebenen Badeort, der von einer Burgruine überragt wird. Vier Kilometer langer Sandstrand. Das acht Kilometer entfernte Dorf Mijas bietet einen besonders schönen Blick auf die Küste. – Ausflugsmöglichkeiten wie in Torremolinos.

Etwa zehn Kilometer hinter Fuengirola passieren wir das schön über dem Meer in einem Pinienwald gelegene Hotel «Alhamar». Bald darauf erreichen wir den nach Torremolinos bekanntesten Ort der Costa del Sol:

Marbella (35 000 Einw., 166 km – 59 km von Málaga). In dem hübschen Städtchen sind noch zahlreiche Baureste aus dem Mittelalter erhalten geblieben, insbesondere von Türmen und Stadtmauern. Beachtung verdienen auch das Rathaus und die Pfarrkirche. Die Badestrände sind besonders feinsandig. – Ähnliche Ausflugsmöglichkeiten wie in Torremolinos.

In San Pedro de Acántara, zwölf Kilometer hinter Marbella, zweigt rechts die Straße C 339 ab, die durch eine schöne Landschaft über die Sierra Bermeja nach der sehr besuchenswerten Stadt Ronda (52 km) führt (siehe Seite 106).

Die Küstenstraße überquert den Río Guadalmina, den Río Guadalmansa und den Río del Padrón und erreicht

Estepona (21 000 Einw., 192 km – 85 km von Málaga). Die Stadt, die römischen Ursprungs ist, liegt in einer sehr fruchtbaren Gegend. Beachtenswert sind die Pfarrkirche (15. Jh.) und die Reste des alten Aquäduktes von Salduba. Mehrere sehr schöne Sandstrände; gute Möglichkeiten für Unterwasserfischerei.

In Kehren zieht die Straße nun in geringer Entfernung vom Meer abwärts in die Ebene und überquert auf einer 300 Meter langen Brücke den Río Guardiaro. In der Ferne erblickt man den Felsen von Gibraltar. Dann steigt die Straße wieder an und führt über den Puerto del Higuerón (147 m) nach

San Roque (16 400 Einw., 234 km – 127 km von Málaga), das seit 1704 von den spanischen Einwohnern des damals verlorengegangenen Gibraltar

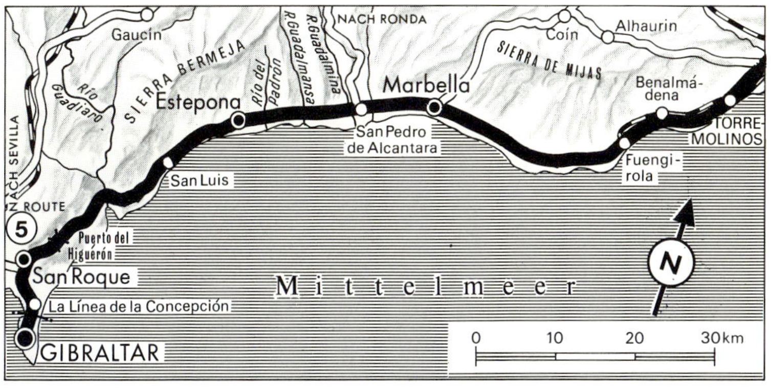

erbaut wurde. Vom Platz «Los Cañones» hat man eine prachtvolle Aussicht auf die «Punta de Europa» und die afrikanische Küste. – «Gibraltar-Museum» und Safari-Park «Andaluz», vier Kilometer.

In San Roque zweigt links eine Straße nach dem neun Kilometer entfernten Gibraltar ab. Der Grenzübergang ist im Sommer 1982 wieder eröffnet worden. Gibraltar kann man auch über Algeciras-Tanger erreichen.

Die Nebenstraße passiert zunächst

La Linea de la Concepción (53 000 Einw., 241 km – 134 km von Málaga), die spanische Grenzstadt.

Fünfhundert Meter weiter findet die Grenzkontrolle statt.

Gibraltar (26 000 Einw., 243 km – 136 km von Málaga) wurde 1704, während des Spanischen Erbfolgekrieges, von der englischen Flotte durch einen Überraschungsangriff erobert. Seitdem ist es einer der wichtigsten britischen Militärstützpunkte.

Gibraltar liegt auf einer felsigen Halbinsel, die mit der Iberischen Halbinsel durch eine Landenge verbunden ist. The Rock («der Felsen») bildet mit seiner sehr malerischen Form eines der bekanntesten Wahrzeichen im ganzen Mittelmeergebiet. Der Westhang des Felsens mit der Stadt Gibraltar fällt terrassenförmig zum Meer ab, die anderen Seiten fast senkrecht. Der Nordgipfel Mount Rockgun ist 413 Meter, der Südgipfel Highest Point (oder Summit) 425 Meter hoch (Drahtseilbahn).

Die meisten Hotels, Läden und öffentlichen Gebäude liegen an der Main Street, die von Norden nach Süden durch die Altstadt zieht. Im Süden schließt sich die ganz im englischen Stil erbaute South Town an.

Für eine Rundfahrt zum südlichsten Punkt der Halbinsel passieren wir die South Port Gates und die Alameda, eine prächtige Parkanlage mit subtropischer Vegetation. Dort beginnt die «Europa Road», die uns mit herrlicher Aussicht auf die Bucht von Algeciras und das offene Meer zum 3,5 Kilometer entfernten «Europa Point» (span.: «Punta de Europa») führt, wo sich ein schöner Blick bietet. Hier stehen ein Leuchtturm und eine alte Kapelle. Von Sandy Bay zum Europa Point führt ein Tunnel nur in einer Richtung, der täglich bis 19 Uhr geöffnet ist.

Die anderen Sehenswürdigkeiten auf dem Felsen besichtigt man besser von Norden her: das Maurische Kastell, das 713 bis 742 von dem arabischen Feldherrn Tarik ibn Ziyad erbaut wurde, dem Gibraltar seinen Namen verdankt (Djebel al-Târik = «Felsen des Tarik»); den berühmten «Affenfelsen» mit den einzigen wildlebenden Affen Europas; die 1779 bis 1783 zu Verteidigungszwecken in den Felsen gehauenen «Oberen Galerien», die in der «Saint George's Hall» enden (herrliche Aussicht); die große Tropfsteinhöhle «Saint Michael's Cave».

Verkehrsverbindungen

Mit dem Schiff nach Algeciras, Tanger, täglich außer Sonntag.

Mit dem Flugzeug nach Tanger, London, Madrid.

Informationen: Waterport Wharf Rd.; Piazza, Main Street.

Route 2: Gibraltar – Algeciras – Sevilla (293 km)

Wir fahren von Gibraltar über La Linea de la Concepción wieder an die Hauptstraße N 340 zurück, die wir in San Roque (9 km) erreichen. Sie überquert den Río Guadarranque, passiert das Bungalowhotel «Solimar» und erreicht

Algeciras (80 000 Einw., 23 km), eine für den Verkehr mit Afrika und für den Korkexport wichtige Hafenstadt, die auch einen guten Badestrand hat.

Verkehrsverbindungen

Mit der Eisenbahn nach Bobadilla-Madrid/Sevilla/Granada/Málaga.

Mit dem Autobus nach Málaga, Cádiz, Sevilla, La Línea.

Mit dem Schiff nach Tanger (nur werktags), Ceuta (täglich), Barcelona u. a.

Hinter Algeciras beginnt einer der schönsten Abschnitte dieser Straße: Man genießt einen prachtvollen Ausblick über die Straße nach Gibraltar auf die marokkanische Küste. Wir kommen zunächst über den Paß Puerto del Bujeo (322 m) und bald darauf über den Puerto del Cabrito (340 m), von wo

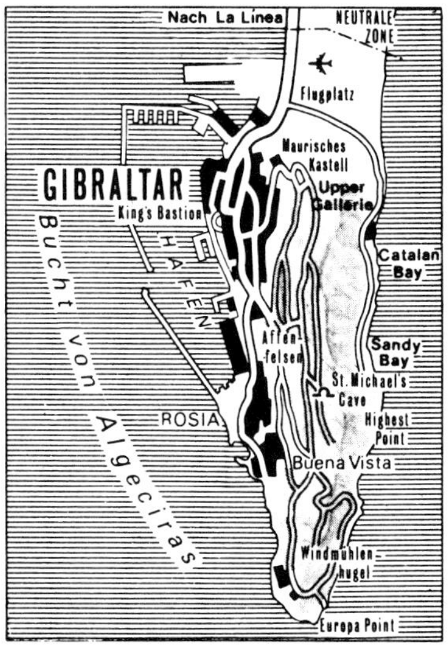

der Blick auf Afrika besonders eindrucksvoll ist. In großen Windungen geht es dann hinunter nach

Tarifa (18 000 Einw., 45 km), einer 711 von den Arabern gegründeten Stadt, deren alter Teil (mit maurischer Burg) einen Besuch lohnt. Die der Stadt vorgelagerte «Punta Marroquí» ist der südlichste Punkt des europäischen Festlandes. Hier ist die Meerenge von Gibraltar nur 14 Kilometer breit (Fähre nach Tanger).

Die Straße entfernt sich nun etwas vom Meer. Rechts lag früher die Laguna de Janda, die eingedämmt und in Weideland verwandelt wurde.

Dann empfiehlt sich ein Abstecher nach dem drei Kilometer entfernten, sehr malerischen Bergstädtchen Vejer de la Frontera (schöner Strand Los Caños de la Meca), oberhalb des «Cabo Trafalgar», das der berühmten Seeschlacht (1805) den Namen gab, in der Admiral Nelson fiel. Eine andere Abzweigung führt nach dem Hafenstädtchen Conil. Wir passieren Chiclana de la Frontera (123 km), biegen vier Kilometer weiter nach links ab und kommen über San Fernando (Schnellstraße) nach

Cádiz (118 000 Einw., 142 km). Die prachtvoll gelegene Stadt wird von bis zu 15 Meter hohen Mauern gegen das Meer geschützt. Die hübschen weißen Häuser mit Dachterrassen geben dem Stadtbild das Gepräge. Beachten Sie die «Miradores», die Aussichtstürmchen, mit denen viele Häuser geschmückt sind. Schöne Parkanlagen mit zahlreichen Palmen und die Seepromenade laden zu Spaziergängen ein.

Man besichtige in der Kirche Santa Catalina das letzte Werk von Murillo: «Die Verlobung der heiligen Katharina». Sehenswert sind ferner die Alte und die Neue Kathedrale sowie die Academia de Bellas Artes, die eine bedeutende Gemäldesammlung (Murillo, Zurbarán, Rubens, Luini u. a.) und ein archäologisches Museum enthält, endlich die Kirche San Agustín mit einem Martínez Montañés zugeschriebenen Kruzifix («Cristo de la Buena Muerte») und die Kapelle San Felipe Neri mit einem Altarbild von Murillo, in der 1812 die erste spanische Verfassung verkündet wurde.

Verkehrsverbindungen

Mit der Eisenbahn nach Sevilla und Madrid.

Mit dem Autobus nach Algeciras-La Línea, Arcos, Jerez de la Frontera, Sevilla.

Mit dem Schiff nach Barcelona, Kanarische Inseln.

Informationen: De la Barca 1.

Wir verlassen Cádiz auf der neuen Schnellstraße über die Brücke der Bahía de Cádiz bis zum Städtchen Puerto Real, das schon in römischer Zeit als Hafen von Bedeutung war. Von dort nehmen wir die (bis nach Madrid führende) N IV Richtung Sevilla. Dann geht es über den Río de San Pedro und über den Río Guadalete, der in die Bucht von Cádiz mündet. An dem flachen Strand sieht man Salzgärten mit pyramidenförmigen Salzhaufen: Hier wird aus dem Meerwasser durch Austrocknen Salz gewonnen.

Puerto de Santa María (35 000 Einw., 179 km) wurde ebenfalls von den Römern gegründet. Hier bietet sich ein sehr schöner Blick auf die Bucht von Cádiz mit der weiß leuchtenden Stadt Cádiz im Hintergrund. Besuchen Sie in der meist «El Puerto» genannten Stadt die Kirche Santa María (13. und 17. Jh.) und die Reste der maurischen Burg San Marcos.

Durch eine reizvolle Hügellandschaft geht es nun weiter nach **Jerez de la Frontera** (131 000 Einw., 196 km). Hier unterlag 711 das Westgotenreich in einer berühmt gewordenen Entscheidungsschlacht den Arabern, die dann durch Jahrhunderte das Schicksal Spaniens bestimmten. Die Stadt (mit schönen Palmenalleen) ist wegen ihres Weines berühmt, den die Engländer (in vereinfachender Aussprache) «Sherry» nennen. Hier liegt eine Bodega fast neben der anderen, und viele dieser Weinlager können besucht werden.

Als schöne Allee durchzieht die Straße N IV nun die fruchtbare Vega de Jerez. Wir befinden uns jetzt im andalusischen Tiefland, das früher eine Meeresbucht war und heute teils Sumpfgebiet, teils fruchtbares Land ist, mit Getreidefeldern und Olivenhainen, wechselnd mit Orangengärten und Baumwollfeldern, umgeben von Kaktushecken. Mehrfach kommen wir an Höfen vorbei, die sich auf die Aufzucht von Kampfstieren spezialisiert haben (u. a. bei Los Palacios). Dann erreichen wir von Südosten her Sevilla.

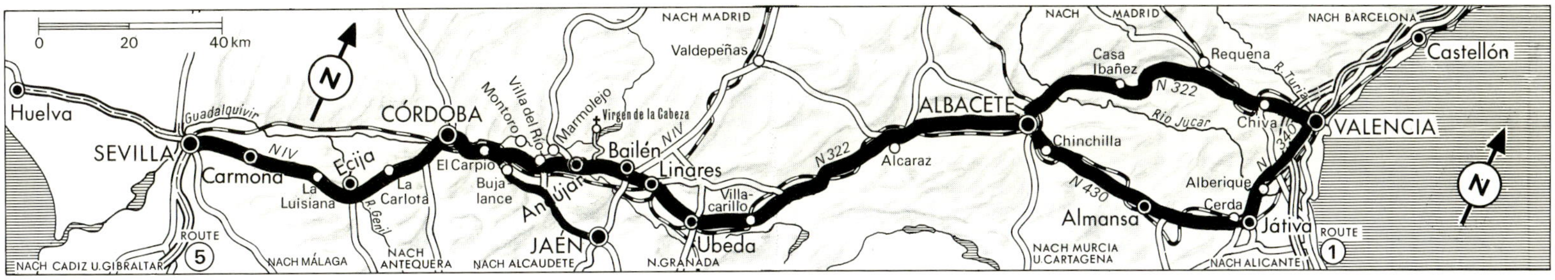

Route 3: Sevilla – Córdoba – Valencia (658 bzw. 679 km)

Diese Route, die an die vorhergehende anschließt, ist in ihrem ersten Teil für jeden von Wichtigkeit, der eine Rundfahrt durch Andalusien unternimmt: Sie verbindet Sevilla mit Córdoba, und der zweite Teil der Route ist vor allem für diejenigen gedacht, die für Hin- oder Rückfahrt nicht die eingangs (Route 1) beschriebene Küstenstraße benutzen wollen.

Wir verlassen Sevilla über die Calle María Auxiliadora und durchfahren zunächst die Andalusische Tiefebene. Dann steigt die Straße etwas an. Kurz vor Carmona empfiehlt sich ein Abstecher zu der etwas abseits gelegenen römischen Nekropole mit fast 1000 Gräbern vom 2. Jahrhundert v. Chr. bis zum 4. Jahrhundert n. Chr., auch ein Amphitheater ist zu sehen.

Carmona (215 m; 27 000 Einw., 33 km) ist ein sehr malerisches Landstädtchen, in dem zwei römische Tore, der maurische Alcázar und mehrere alte Kirchen und Häuser Beachtung verdienen.

Über den Rio Corbones geht es nun via La Luisiana (71 km) nach **Écija** (101 m; 42 000 Einw., 87 km), das «Astigi» der Römer, mit maurischen Toren und Mauerresten, mehreren beachtenswerten Kirchen (Santa Bárbara, Santiago, ehemalige Klosterkirche La Merced), anderen gotischen und Renaissancebauten und einem mudejarischen Palast.

Hinter Écija geht es über den Río Genil und durch große Ölbaumpflanzungen. La Carlota (108 km) ist eine im 18. Jahrhundert gegründete Kolonie mit deutschen Siedlern. Kurz darauf zweigt rechts eine Straße ab, die über Antequera nach Málaga führt. Dann überquert die Straße den Río Guadajoz, und bald erblickt man die Stadt Córdoba. Wir durchfahren die hügelige und fruchtbare Campaña und erreichen über die Guadalquivir-Brücke Córdoba.

Wir verlassen die Stadt in nordöstlicher Richtung auf der N IV und folgen nun dem Tal des Guadalquivir. Bei Alcolea (150 km) überqueren wir den Fluß auf einer Brücke aus schwarzem Marmor (18. Jh.). In dem etwas abseits gelegenen Dorf El Carpio (168 km) stehen ein maurischer Turm und ein mudejarisches Schloß. Nach wenigen Kilometern bietet sich ein Abstecher auf der C 324 (rechts) nach Jaén an.

Jaen (574 m, 77 000 Einw., 226 km), der Name leitet sich her von «Geen» = Karawanenweg, war schon in römischer und maurischer Zeit von Bedeutung. Die Stadt liegt malerisch zwischen mit Olivenbäumen bewachsenen Bergen (La Pandera und Jabalcuz). Besonders sehenswert sind die mächtige Renaissance-Kathedrale (16./18. Jh.), die Kirchen San Bartolomé (im Mudejar-Stil), San Andrés (ehemalige Synagoge mit schönem Gitter) und oberhalb der Altstadt die Burg Castillo de Santa Catalina.

Wer jedoch auf der N IV bleibt, passiert (links abseits) das Städtchen Montoro, das römische «Epora». In Villa del Río (192 km) wurde ein maurisches Schloß zu einer Kirche umgebaut. Dann geht es auf einer römischen Brücke über den Río Salado de Porcuna und anschließend in steilen Windungen und durch große Ölbaumpflanzungen hinauf. Fünf Kilometer links abseits der Straße liegt das Mineralbad Marmolejo. Wir überqueren erneut den Guadalquivir und kommen nach

Andújar (212 m; 32 000 Einw., 217 km), einem alten Städtchen, das durch seine in ganz Spanien benutzten tönernen Kühlgefäße für Wasser (*Jarras* oder *Lacarrazas*) bekannt ist. Beachtenswert sind unter anderem die Kirchen San Bartolomé, San Miguel und Santa María (mit Gemälden von El Greco und Pacheco), ein arabisches Schloß und mehrere Paläste.

Kurz hinter dem Ort zweigt links eine Straße nach der 33 Kilometer entfernten Wallfahrtskirche Santuario de la Virgen de la Cabeza ab. Dieser Abstecher auf schöner Straße ist sehr zu empfehlen.

Die Hauptstraße durchzieht das andalusische Hügelland und erreicht **Bailén** (349 m; 11 000 Einw., 244 km), einen wichtigen Straßenknotenpunkt.

Auf der Weiterfahrt nach Valencia folgen wir der N 322 und kommen zunächst nach

Linares (417 m; 60 000 Einw., 256 km), einer Industriestadt in der Nähe der bedeutenden altiberischen Siedlung Castulo.

Auch das alte Städtchen

Ubeda (667 m; 33 000 Einw., 282 km) entstand aus einer iberischen Gründung. Es gibt hier besuchenswerte Kirchen und Renaissancepaläste.

Hinter Villacarrillo (313 km) zieht die Straße mit schönen Ausblicken über die Sierra de Alcaraz. In dem etwas rechts abseits liegenden Städtchen Alcaraz (406 km) verdienen zwei alte Kirchen und eine maurische Burg Beachtung.

Die Straße verläßt nun die Ausläufer der Sierra Morena und führt durch einsame Gegend hinunter nach

Albacete (686 m; 75 000 Einw., 487 km), dessen Name aus dem arabischen «Al-Basiti» entstand. Die Provinzhauptstadt ist auch Sitz eines Bischofs.

Die Straße N 322 führt von Albacete über Casa Ibáñez (537 km) weiter nach Requena (589 km), oberhalb des Flusses Magro, wo sie die aus Madrid kommende Straße N III erreicht, auf der wir uns nun nach Osten wenden. Sie passiert das Städtchen Chiva (626 km) und erreicht Valencia.

Man kann aber auch schon in Albacete (487 km) nach rechts auf die Straße N 430 abbiegen, die über Almansa nach Valencia führt. Auf diesem Weg passiert man das hübsch gelegene Städtchen Chinchilla (502 km), das von einer maurischen Burg beherrschte Almansa (561 km) und den kleinen Ort Cerda (613 km). Dort empfiehlt sich ein (4 km langer) Umweg über **Játiva** (115 m; 22 000 Einw., 618 km), ein außerordentlich reizvolles altes Städtchen mit besuchenswerten Kirchen und Palästen, einem Kastell und mittelalterlichen Stadtmauern.

Nach sechs Kilometern kommen wir auf der aus Alicante kommenden

Straße N 340 wieder auf die Straße N 430. Sie durchzieht eine fruchtbare Landschaft, passiert Alberique (636 km) und erreicht Valencia.

Route 4: Marbella – San Roque – Ronda – Arcos de la Frontera (265 km)

«Route der weißen Dörfer»

Bei einer Reise durch Andalusien darf diese einzigartige Strecke nicht fehlen. Sie zeigt das ursprüngliche, unverfälschte Landesinnere, führt über Dörfer und in Kleinstädte mit typisch arabischem Einschlag, durch eine wilde, eigentümliche und abwechslungsreiche Landschaft, die im internationalen Tourismus noch wenig bekannt ist. Schmale Gassen und hohe weiße Mauern, die einerseits die sengende Hitze des Tages mildern, zum anderen aber auch Ausdruck des angeborenen Sinns für Ästhetik des andalusischen Volkes sind, charakterisieren die meisten dieser Dörfer. Beschrieben werden hier nur jene im Hinterland, da die weißen Küstenstädte bereits in den Routen 1 und 2 erwähnt werden (Routenkarte siehe Seite 107).

Besonders zu empfehlen ist diese Route im Frühjahr und Herbst, eventuell auch im Winter, der ohnehin sehr kurz ist.

Von Marbella aus fährt man zunächst auf der N 340 entlang der Küste nach San Pedro de Alcántara. Es bieten sich nun zwei Möglichkeiten für die Route bis Ronda: Man biegt rechts ab auf die C 339, fährt zwischen der Sierra Bermeja (links) und der Sierra Blanca (rechts) durch eine rauhe, herbe Landschaft und direkt nach Ronda (66 km), oder man folgt der N 340 erst einmal nach San Roque; auf halber Strecke Möglichkeit eines Abstechers nach Casares, ein maurisch geprägtes Bergdorf, 16 Kilometer abseits der Hauptstraße.

Man verläßt San Roque Richtung Algeciras und biegt nach etwa drei Kilometern rechts ab auf die Straße 3331/5131 (Richtung Jimena de la Frontera). 24 Kilometer weiter folgt die Abzweigung links nach Castellar und nach weiteren vier Kilometern eine Kreuzung mit dem Hinweisschild «Castillo de Castellar» (rechts ab). Eine stark ansteigende, sehr reizvolle Straße führt nun bis

Castellar de la Frontera (1500 Einw., 100 km), eine Idylle inmitten dichtbewaldeter Höhen, einen Stausee zu Füßen und an klaren Tagen die Küste Afrikas am südlichen Horizont. Eingezwängt zwischen den Mauern einer Festung aus der Zeit der Reconquista (13. Jh.), bildet das Dorf eine bauliche Einheit von unvergleichlicher Schönheit und großem kulturhistorischem Wert. Allabendlich wird hier noch nach altem Brauch das Stadttor geschlossen.

Man fährt zurück auf die Straße 3331/5131 und erreicht als nächstes

Jimena de la Frontera (10 000 Einw., 120 km). Schon von weitem leuchtet diese weiße Stadt dem Reisenden entgegen. Unverwechselbar ist Jimenas Lage: auf einem Höhenrücken strategisch günstig angelegt, wird es überragt von den Überresten einer Burg. Sie bildete den Kern einer riesigen Befestigungsanlage, die einst durch ihr ausgeklügeltes Zisternennetz Berühmtheit erlangt hatte. Sehenswert innerhalb dieses Komplexes ist vor allem das Turmportal. Jimena besitzt ferner eine Reihe interessanter religiöser Bauwerke, wie die Kirchen Santa María Coronada (18. Jh.) und La Misericordia (gotisch).

Auf der C 341 geht es weiter nach

Gaucín (2800 Einw., 140 km), das über den Flußtälern des Genal und Guadiro liegt und von wo aus der Blick bis zur Straße von Gibraltar reicht. In der näheren Umgebung lohnen die Höhlen Murciélagos und Organo einen Besuch.

Sieben Kilometer sind es von hier bis Algatocín (Pfarrkirche 17. Jh.) und nochmals 31 Kilometer auf kurvenreicher Straße über Kuppen und Bergkämme bis

Ronda (723 m; 30 000 Einw., 178 km), eine der eindrucksvollsten Städte Südspaniens. Der von den Römern als «Arunda» erbaute Ort liegt prachtvoll auf einem Felsplateau, das durch die bis 150 Meter tiefe Schlucht des Guadalevín in zwei Teile getrennt wird. Den südlichen Teil des Plateaus nimmt die

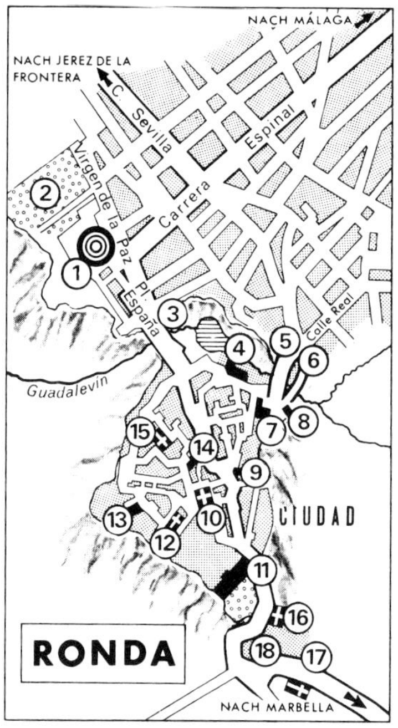

Stadtplan des auf einem Felsplateau mit beeindruckender Aussicht liegenden Ronda

Altstadt (*Ciudad*) ein, den nördlichen die Neustadt. Der starke Kontrast zwischen den beiden Stadtteilen ist besonders reizvoll

Stadtbesichtigung

(Die in eckige Klammern gesetzten Zahlen decken sich mit den auf dem Stadtplan eingezeichneten.)

In der Neustadt besuche man zunächst die 1788 erbaute Stierkampfarena [1], die zu den ältesten Spaniens gehört. Von dem nahen, 1806 angelegten Park «Alameda de José Antonio» [2] genießt man einen sehr schönen Blick über die – auch «Tajo» genannte – Schlucht und auf das Gebirge. Wendet man sich von dort nach Südosten, so gelangt man zum Puente Nuevo («Neue Brücke») [3], dem charakteristischsten Bauwerk der Stadt. Die von 1783 bis 1793 erbaute dreibogige Brücke ist hundert Meter hoch.

Über die Brücke kommt man in die Altstadt, wo man sich nach links wendet, vorbei an der Casa del Rey Moro («Haus des maurischen Königs») [4], die viele hervorragende Kunstgegenstände birgt. Von hier führt eine unterirdische Felsentreppe hinunter zum Fluß. Östlich davon liegen eine römische [5] und eine arabische Brücke [6].

Man biegt nun nach rechts ab und passiert den Renaissancepalast «Palacio del Marqués de Salvatierra» [7], der wertvolle Möbel und Gemälde enthält (meist geschlossen). Dahinter liegen die Reste der Arabischen Bäder [8] aus dem 13. Jahrhundert.

Kurz darauf kommt man zu einem arabischen Minarett [9], das an der heute zur Ruine gewordenen Kirche San Sebastian steht.

Auch die Kirche Santa María la Mayor [10] entstand aus einer Moschee, die 1485 zu einer Kirche umgebaut wurde. Der Mihrab ist noch erhalten, der Turm ist das alte Minarett; innen barocke Ausstattung (17. Jh.).

Noch weiter südlich liegt das Salesianerkolleg [11] mit Resten eines alten Kastells. In der westlichen Hälfte der Altstadt sind ferner erwähnenswert: die Iglesia de la Caridad [12] aus dem 16. Jahrhundert, die «Casa de Mondragón» [13] mit Renaissancefassade und arabischem Innenhof, die «Casa del Gigante» [14], ein arabischer Palast des 14. Jahrhunderts, und die Iglesia de la Virgen de la Paz [15], die Kirche der Schutzpatronin von Ronda, mit einem Madonnenbild, das aus dem 12. Jahrhundert stammen soll.

Zu nennen sind schließlich noch im äußersten Süden des Ortes: die spätgotische, einer Festung ähnelnde Iglesia del Espíritu Santo [16], die von den «Katholischen Königen» gegründete gotische Iglesia de la Virgen de la Gracia [17] und die Puerta del Almocabar [18], ein maurisches Tor, durch das die Truppen der «Katholischen Könige» die wiedereroberte Stadt betraten.

Als lohnende Ausflugsziele werden empfohlen:

die «Cueva de las Piletas» (20 km) mit vorgeschichtlichen Höhlenmalereien, die Römerstadt Ancinipio (12 km) und die Sierra de las Nievas (19 km).

Informationen: Plaza de España 1.

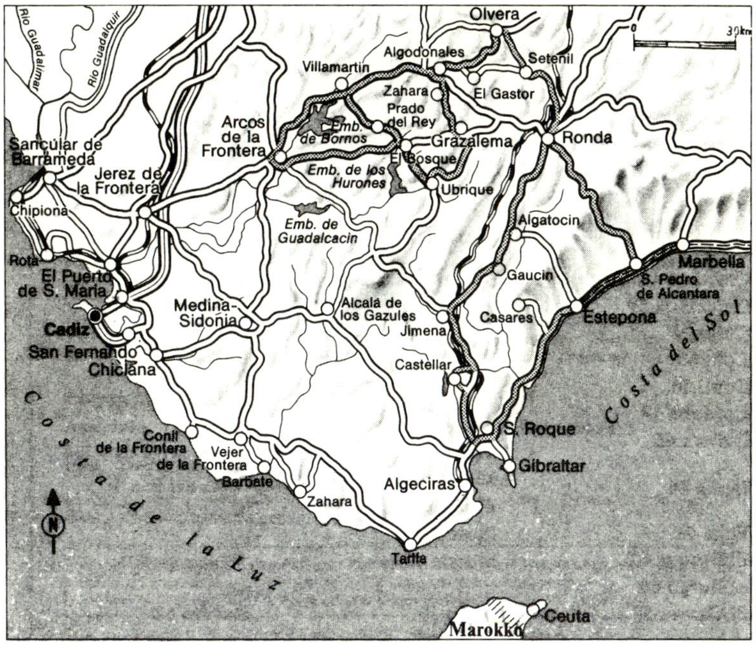

Verkehrsverbindungen

Mit der Eisenbahn nach Bobadilla-Madrid/Sevilla/Granada/Málaga, Algeciras. Mit dem Autobus nach Sevilla, Málaga, Jerez, La Línea.

Man verläßt Ronda auf der C 344/341 Richtung Málaga. Wenige Kilometer hinter der Stadt gabelt sich die Straße. Um nach Setenil zu gelangen, bleibt man auf der C 341 und biegt nach etwa zwei Kilometern links ab.

Setenil (3500 Einw., 190 km). Dieser malerische und in seiner Art bemerkenswerte Ort liegt auf einem Berg, der durch die Wasser des Guadalporcún ausgehöhlt wurde. Die überhängenden Felsen dienen nicht selten als Hausdächer in diesem halb unterirdisch angelegten Dorf. Zeugnis von den jahrhundertelangen christlich-maurischen Auseinandersetzungen geben die Reste einer maurischen Burg, die von den «Katholischen Königen» im Jahre 1485 erobert wurde. Interessant sind ferner eine gotische Pfarrkirche (15. Jh.) und das Rathaus (16. Jh.). Das nächste Ziel heißt

Olvera (11 500 Einw., 203 km). Der Ort zählt zu den schönsten der weißen Dörfer und entfaltet seinen ganzen Zauber im Licht der Abendsonne. Herrschaftlich erhebt sich das ehemalige Schmugglernest über die Ebene, gekrönt von einer imposanten maurischen Burg und einer Kirche, die auf den Resten einer maurischen Moschee errichtet wurde (zur Besichtigung der Burg besorge man sich die Schlüssel bei der Ortspolizei – «Policía municipal» – am Rathausplatz).

Von Olvera folgt man nun in südwestlicher Richtung der N 342. Nach 15 Kilometern bietet sich ein Abstecher nach *El Gastor* (3000 Einw.) an, eine Ortschaft, die durch ihre Schluchten besonders reizvoll ist. In der Umgebung befinden sich die Reste eines Dolmen mit dem prosaischen Namen «Grabmal des Giganten». Zurückgekehrt auf die N 342, erreicht man als nächstes *Algodonales* (6600 Einw., 236 km), ein herrschaftliches, blitzweißes Dorf.

Von hier sollte man – es sei denn, die Zeit drängt – auf kleinen Straßen noch einmal nach Süden fahren (ca. 80 km Umweg). Eine Nebenstraße der N 339 (Richtung Ronda) führt nach *Zahara.* Auf einem Hügel über dem Río Guadelete thront die kleine Stadt. Auch sie beherrschen eine mittelalterliche Burgruine und eine reich ausgestattete Pfarrkirche.

Sechzehn Kilometer weiter südlich, doch jenseits des Passes Puerto de las Palomas (1357 m), liegt *Grazalema,* das römische «Lacidulo» (833 m). Arabischer Einfluß zeigt sich hier nicht nur in der Bauweise der Häuser, sondern auch in den Mustern der berühmten Webereien («Mantas de Grazalema»).

Ebenfalls maurischen Ursprungs ist die Herstellung gepunzter Lederwaren in *Ubrique* (14 000 Einw.). Am Fuße der steil aufragenden Wand des Salobreña gelegen, verdankt das Städtchen der Quelle des Ubrique die blühende Gerberindustrie. Einen Besuch lohnt die Burg Castillo de Fátima (5 km).

In nordwestlicher Richtung fährt man weiter bis *El Bosque* und direkt nach Arcos da la Frontera (N 344) oder über *Prado del Rey* (Burgruine) nach *Villamartín* am nördlichen Ende des Embalse de Bornos. Der Stausee bietet gute Wassersportmöglichkeiten. Erwähnenswert ist schließlich das Dorf *Bornos* (am Nordufer gelegen), in dessen Kirche Santo Domingo ein Murillo zugeschriebenes Gemälde hängt.

Arcos de la Frontera (30 000 Einw., 265 km) zählt zu den schönsten und malerischsten Kleinstädten Spaniens. Weiße schmale Gassen führen zum «Mirador», von dem sich ein unvergleichliches Panorama bietet: in der Ferne glitzern die Wasser des Guadalquivir; ganz nah nagt jedoch der Rio Guadalete noch heute von drei Seiten an den schwindelerregenden Wänden des Felsspornes, der Arcos' geographische Einzigartigkeit ausmacht. Und den eindrucksvollen Denkmälern der Natur stehen die des Menschen nicht nach! Zu ihnen gehören die vollständig erhaltene Burg der Herzöge von Arcos, das Rathaus – das Innere kunstvoll im Mudejarstil getäfelt, die Kirche Santa Maria de la Asunción, wo sich in Architektur und Ausstattung die verschiedensten Kunststile – Spätgotik, Mudejarstil und selbst Barock – harmonisch vereint finden.

Besuchenswert sind ferner die Kirche San Pedro (Gemälde von Pacheco, Zurbarán und Ribera; gotisches Retabel), das «Hospital de la Encarnación» (spätgotisches Portal), das «Asilo de la Caridad» (Fassade) und schließlich das Franziskanerkloster (Kachelfries 17. Jh.).

Besonders schöne Eindrücke vermittelt ein Abendbummel durch die Gassen um die Plaza de España, öffnet vielleicht die Tür zu einem der farbenfrohen kühlen Patios. Bietet der «Mirador» den Blick auf die Umgebung, so demonstriert sich die imposante Festung aus Fels und Mauerwerk in voller Pracht von den Ufern des Embalse de Arcos. Schon aus diesem Grund sollte man den Spaziergang am See nicht versäumen.

Von Arcos de la Frontera aus gibt es nun mehrere Möglichkeiten, die Reise fortzusetzen:

Jerez de la Frontera, N 342, 31 Kilometer.

Medina Sidonia, 36 Kilometer, C 343, eine Gründung der Phönizier mit sehenswerten Bauwerken, allerdings ziemlich dem Zerfall preisgegeben; ab hier C 346 – Chiclana de la Frontera (22 km) oder C 343 – Vejer de la Frontera (28 km) oder C 440 via Alcalá de los Gazules nach Algeciras (85 km).

Jimena de la Frontera, 47 km.

Register

Kursive Ziffern verweisen auf Bildlegenden.

Quellen- und Bildnachweis

Alvarez, Carlos: Una reflexión sobre Andalucia. Cuadernos de la Afrobédia. Sevilla 1978.*

Aub, Max: Der Klumpfuß, aus: Die Schuld des ersten Anglers. Piper Verlag, München.

Brentano, Clemens: Historisch-kritische Ausgabe sämtlicher Werke und Briefe. Kohlhammer, Stuttgart.

Gallwitz, Klaus: Picasso Laureatus. Sein malerisches Werk seit 1945. Mit einem Essay von José Bergamin. Bucher, Luzern und Frankfurt/Main.

García Lorca, Federico: Werke in drei Bänden, übersetzt von Enrique Beck. Insel Verlag, Frankfurt/Main.

Góngora, Luis de: Sonette, zweisprachig. Mit einem Essay von Federico García Lorca. Verlag Karl-Heinz Henssel, Berlin.

Haerdter, Robert: Spanisches Capriccio. Kurt Desch Verlag, München.

Haubrich, Walter/Moser, Carsten R.: Francos Erben. Spanien auf dem Weg in die Gegenwart. Kiepenheuer und Witsch, Köln.

Herder, Johann Gottfried: Volkslieder. Verlag Georg Olms, Hildesheim.

Jiménez, Juan Ramón: Metamorphose der Nelken. Reclam Verlag, Leipzig.

Lee, Laurie: Eine Rose für den Winter – Wanderungen durch Andalusien. Karl Rauch Verlag, Düsseldorf.

Sager, Peter: Málaga – Geburtsstadt von Pablo Picasso. Bericht im ZEIT-Magazin vom 16.10.1981.

* Übersetzt von Walter Haubrich.

Für die Illustration der Textkapitel haben Abbildungen zur Verfügung gestellt:

Bavaria-Verlag, Gauting: Seite 7(2), 10, 11(2), 12, 13, 26(links), 27 bis 31.

Hans-Jürgen Meier-Menzel, Murnau: Seite 14(2), 26(rechts), 64, 73, 74, 75, 80.

Polyglott-Verlag, München: Karten und Stadtpläne im Kapitel «Reiseführer Andalusien – Costa del Sol».

Die Abbildung Seite 92 unten photographierte Axel Schenck, München. Alle anderen Photos stammen von Willy Puchner.